I0776787

ΠΑΝΑΓΙΩΤΑ ΜΠΛΕΤΑ

ΠΕΡΙΕΧΟΜΕΝΑ

ΣΥΝΟΠΤΙΚΟ ΒΙΟΓΡΑΦΙΚΟ

Η Παναγιώτα Μπλέτα γεννήθηκε στην Λακωνία ενώ μεγάλωσε στο Χαλάνδρι.

Σπούδασε στη Νέα Υόρκη:

MBA - Μεταπτυχιακός τίτλος στην Οργάνωση και Διοίκηση Επιχειρήσεων, New York Institute of Technology

BSc Marketing-Management - Πτυχίο στην Οργάνωση και Διοίκηση Επιχειρήσεων και Marketing, City University of New York

Δραστηριοποιήθηκε έντονα στο χώρο της Τοπικής αυτοδιοίκησης όπου και διακρίθηκε σαν:

Αντιδήμαρχος Χαλανδρίου - Πρόεδρος των Δημοτικών Επιχειρήσεων Πολιτισμού και Ανάπτυξης στο Δήμο Χαλανδρίου- **Δημιούργησε το πρώτο Δημοτικό Κέντρο Εξυπηρέτησης Πολιτών/Κ.Ε.Π. στην Ελλάδα, Κ.Ε.Π. Χαλανδρίου.**

Υποψήφια Νομάρχης-Νομός *Λακωνίας* -Επικεφαλής Νομαρχιακής Παράταξης – Δημιούργησε πρότυπο Newsletter, που αφορούσε τα Ευρωπαϊκά προγράμματα σε σχέση με την Περιφέρεια και συνέβαλλε ουσιαστικά στην απορρόφησή τους.

Συνεργάστηκε επαγγελματικά με μεγάλους ελληνικούς και ξένους επιχειρηματικούς ομίλους, που δραστηριοποιούνται στο χώρο της έρευνας, επικοινωνίας, εκπαίδευσης, συμβουλευτικής καθώς και εστίασης αναλαμβάνοντας υψηλές διοικητικές θέσεις:

Σχεδίασε και υλοποίησε έργα με σημαντικά ωφέλιμη αξία για το Ελληνικό κοινό – Γραμμή Ενημέρωσης σεισμόπληκτων 0800-18000, Γραμμή Εξυπηρέτησης Πολιτών 1464 κτλ.

Τα τελευταία χρόνια ασχολείται με την αρθρογραφία σε Ελλάδα/Εξωτερικό και τη συγγραφή. Έχουν εκδοθεί: τα πολιτικά βιβλία «Η ΗΘΙΚΗ ΤΗΣ ΔΗΜΟΚΡΑΤΙΑΣ», «ΔΙΚΑΙΕΣ ΑΝΑΤΡΟΠΕΣ/FAIR TWISTS», «ΙΣΧΥΡΕΣ ΑΛΗΘΕΙΕΣ-ΑΝΙΣΧΥΡΟΙ ΗΓΕΤΕΣ /POWERFUL TRUTHS-UNPOWERFUL LEADERS», «ΟΙ ΠΕΝΗΝΤΑ ΑΠΟΧΡΩΣΕΙΣ ΤΟΥ ΠΟΛΕΜΟΥ/THE FIFTY SHADES OF WAR», το οικονομικό δοκίμιο «ΤΟ ΔΟΓΜΑ ΤΗΣ ΦΤΩΧΕΙΑΣ» και πέντε ποιητικές της συλλογές «FUCK YOU/ΚΑΝΕ ΤΗΝ ΑΝΑΤΡΟΠΗ», «UNFUCK GREECE/ΕΛΕΥΘΕΡΩΣΤΕ ΤΗΝ ΕΛΛΑΔΑ», «ΓΡΑΜΜΑΤΑ ΣΕ ΜΙΑ ΧΑΜΕΝΗ ΠΑΤΡΙΔΑ», «UNFUCK THE WORLD/ΕΛΕΥΘΕΡΩΣΤΕ ΤΟΝ ΚΟΣΜΟ» (έχει εκδοθεί και στα αγγλικά) και «ΓΥΜΝΕΣ ΕΞΟΜΟΛΟΓΗΣΕΙΣ».

ΔΗΜΟΣΙΕΥΣΕΙΣ

Τα άρθρα δημοσιεύτηκαν και αναδημοσιεύτηκαν σε μεγάλα και μικρά sites, σε έντυπες και διαδικτυακές εφημερίδες, καθώς και σε πολλά blogs, εγχώρια και ξένα, κατά το έτος 2017.

Ενδεικτικά αναφέρω:

WWW.ATTICACOAST.GR

WWW.NOW24.GR

WWW.BOOKS AND STYLE.GR

WWW.LEFESPEED.GR

Η ΠΕΝΑ ΤΗΣ ΑΤΤΙΚΗΣ

Η ΣΦΗΚΑ

ΑΝΕΜΟΣ ΑΝΤΙΣΤΑΣΗΣ

ΑΝΕΜΟΣ ΑΝΑΤΡΟΠΗΣ

ΠROTAGORASNEWS

ΑΧΑΡΝΑΙΚΗ

Και πολλά άλλα…

ΤΟΥΣ ΕΥΧΑΡΙΣΤΩ ΟΛΟΥΣ

ΠΡΟΛΟΓΟΣ

Υπάρχουν πολλά είδη δράκων στην «μεταμοντέρνα» οικονομία. Οι μεταμοντέρνες οικονομικές κρίσεις που αφορούν όλους τους τομείς της παραγωγής, πρωτογενή, δευτερογενή, τριτογενή, και οι μοντέρνοι ολοκληρωτικοί πόλεμοι μετέτρεψαν το μεταμοντέρνο πολιτισμό σε σύγχρονο δράκο που αντί να καταφεύγει στη σπηλιά καταφεύγει στην πολιτική.

Αυτό το είδος δράκου απέκτησε ηγετική θέση στη σημερινή οικονομία, που από το καθεστώς των ανώνυμων εταιριών πέρασε στο καθεστώς των τραστ και των καρτέλ των πολυεθνικών εταιριών, των τραπεζών και στην κυριαρχία των ολιγοπωλίων στον κόσμο.

Νέες κοινωνικές τάξεις δημιουργήθηκαν από τους γραφειοκράτες-στελέχη που εξυπηρετούν τους παραπάνω, που η δύναμη τους δεν προέρχεται από την ατομική τους δημιουργία, αλλά από την δύναμη που τους παρέχουν οι παραπάνω, να ασκούν προπαγάνδα και έλεγχο στην ονομαστική ιδιοκτησία των άλλων.

Η ανατροπή των καθιερωμένων σχέσεων και η κατάργηση των τάξεων , είχε ως αποτέλεσμα την μετατόπιση της εξουσίας από το κράτος και τους κοινοβουλευτικούς θεσμούς στις ενώσεις κρατών που εισηγούνται οικονομικές μεταρρυθμίσεις προς όφελος του παγκοσμιοποιημένου κεφαλαίου και όχι προς όφελος των πολιτών.

Η συγχώνευση οικονομίας, κρατών και κεφαλαίου οδήγησε στην γέννηση του πιο τερατόμορφου δράκου όλων των εποχών : της οικονομικής παγκοσμιοποίησης.

Η ολοκληρωτική άρνηση στο ρόλο της κοινωνίας, να δράσει πολιτικά, διέλυσε τον παραγωγικό της μηχανισμό, την ταξική της διάρθρωση, εξουδετέρωσε των κοινοβουλευτισμό και εκμηδένισε την Δημοκρατία.

Η ζώνη της φτώχειας που δημιούργησε ο παγκόσμιος καπιταλισμός, ή αλλιώς φιλελευθερισμός ή νεοφιλελευθερισμός, έφερε μια νέα κοινωνική πραγματικότητα χωρίς εθνική-κρατική οργάνωση, την νεοαποικιοκρατία.

Εκατομμύρια ανθρώπων μαζικοποιήθηκαν σε ένα κοπάδι παθητικών μονάδων, που εκκολάπτονται στο νου τους καθημερινά αυγά, που όταν σκάσουν δείχνουν τους ίδιους για δράκους...

Η μονιμοποιημένη αναρχία που προέκυψε από την αποτυχία των αστικών και εργατικών επαναστάσεων, οδήγησε σε εμφύλιες συρράξεις, με αποτέλεσμα η Λερναία Ύδρα να γεννάει καινούργιους δράκους πιο ισχυρούς κάθε φορά, καθώς τους αντλεί μέσα από άλλα, σοσιαλιστικά και αριστερά γονίδια.

Το μεταμοντέρνο ολοκληρωτικό καθεστώς δημιούργησε μια καινούργια «ιδεολογική» αρένα, την ανακατανομή του πλούτου προς όφελος της διεθνούς ολιγοκρατίας , προς τα πάνω δηλαδή, μέσα από καταρτισμένες δανειακές συμβάσεις κρατών και πολιτών.

Ο καταναλωτισμός και ο διεφθαρμένος κοινοβουλευτισμός αποτέλεσαν την άμαξα και τα άλογα για τη μεταφορά των συνειδήσεων στην απραξία.

Και έτσι η Δημοκρατία του χρέους έστρωσε το χαλί για την Δικτατορία των Τραπεζών, των Πολυεθνικών, των γραφειοκρατών που τους εξυπηρετούν, και εν τέλει του ολιγοπωλίου της παγκόσμιας δύναμης που όλοι αυτοί μαζί εξυπηρετούν.

Η όποια διατήρηση του ανθρώπου , κάτω από τη πίεση όλων αυτών των δυνάμεων, θα οφείλεται στην ανατροπή που θα έρθει μέσα από την καταστροφή οποιουδήποτε μέλους του έχει υποστεί γάγγραινα.

Γι αυτό, πολλές φορές, η καταστροφή καθίσταται πολιτικά και κοινωνικά αναγκαία...

ΑΡΘΡΟ 1°

ΚΥΠΡΟΣ – Η ΣΤΑΓΟΝΑ ΠΟΥ ΘΑ ΞΕΧΕΙΛΙΣΕΙ ΤΟ ΠΟΤΗΡΙ

Σύμφωνα με έρευνα του Ευρωπαικού Ινστιτούτου σχετικά με τη νομισματική φτώχεια και τις εισοδηματικές ανισότητες στην Ευρωπαϊκή Ένωση (ΕΕ) , που αφορούσε την χρονική περίοδο της τελευταίας πενταετίας, τον κίνδυνο της φτώχειας και του κοινωνικού αποκλεισμού αντιμετωπίζει το 27,4% των Κυπρίων, ενώ μόλις και μετά βίας τα βγάζουν πέρα το 60,4%.

Πιο αναλυτικά ακόμη, το 15,3% του πληθυσμού της Κύπρου ζει με σοβαρές στερήσεις και το 36,5% του πληθυσμού στερείται σημαντικών αγαθών.

Τα ηλικιακά γκρουπ που αντιμετωπίζουν μεγαλύτερο κίνδυνο αποτελούν οι ηλικιωμένοι, οι γυναίκες, τα παιδιά, οι μονογονεικές οικογένειες και τα άτομα με αναπηρίες. Οι πιο ευάλωτες δηλαδή κοινωνικά ομάδες, που θα έπρεπε να προστατεύονται από την κοινωνική πολιτική του κράτους ειδικότερα σε περιόδους κρίσεων.

Τα ποσοστά αυτά της Κύπρου βρίσκονται πολύ κοντά στον Ευρωπαικό μέσο όρο, με τάση μάλιστα να αυξηθούν σημαντικά τα επόμενα χρόνια. Για ποια Ευρώπη μιλάμε;

Στην ίδια έρευνα αποκαλύπτεται ακόμη, ότι η Ελλάδα , η Ρουμανία και η Βουλγαρία αντιμετωπίζουν τον μεγαλύτερο κίνδυνο να βρεθούν αντιμέτωποι με τη φτώχεια , μέσα στην ΕΕ.

Λίγους μήνες πριν, στις 31 Μαρτίου του 2016 ανακοίνωνε ο Ευρωπαϊκός Μηχανισμός Σταθερότητας (ESM), πανηγυρικά, την έξοδο της Κύπρου από το μνημόνιο.

Ανάφερε μάλιστα χαρακτηριστικά ο επικεφαλής του ESM Κλάους Ρέγκλινγκ ότι η χώρα κατάφερε, μέσα σε μια τριετία (2013 η Κύπρος μπήκε στο μνημόνιο), να επανέλθει στην οικονομική ανάπτυξη και να αποκαταστήσει τα δημοσιονομικά της, ενώ σταθεροποιήθηκε και ο τραπεζικός τομέας με τις αλλεπάλληλες ανακεφαλαιοποιήσεις.

Το μήνυμα ήταν, ότι το κράτος ανέκτησε την αξιοπιστία του και κατόρθωσε να απλώσει δίχτυ κοινωνικής προστασίας στις ευάλωτες ομάδες, ενώ όπως αποδεικνύει η σχετική έρευνα του Ευρωπαικού Ινστιτούτου συνέβηκε ακριβώς το αντίθετο στην πραγματικότητα.

Η εξευτελιστικά «επιτυχημένη» ιστορία της Κύπρου στην Ευρωζώνη, με την πλασματική αύξηση του ΑΕΠ (καθώς το ΑΕΠ μειώθηκε ουσιαστικά σε Ευρώ, γεγονός που οδηγεί τη χώρα σε ακόμη μεγαλύτερη ύφεση), επιβεβαιώνει για τον επικεφαλή του ESM την ΑΝΑΓΚΑΙΟΤΗΤΑ ΤΗΣ ΠΑΡΟΧΗΣ ΔΑΝΕΙΩΝ ΣΤΑ ΚΡΑΤΗ ΕΝΑΝΤΙ ΜΕΤΑΡΡΥΘΜΙΣΕΩΝ...

Επιβεβαιώνει δηλαδή, πως παίζεται το παιχνίδι!

Και αφού βγήκε η Κύπρος από το μνημόνιο, αρχίζουν πάλι οι διαπραγματεύσεις για το ΚΥΠΡΙΑΚΟ...

Μα... χρειαζόταν συνέτιση ο Κυπριακός λαός προκειμένου να κάτσει στο τραπέζι και να παραδεχτεί όλα τα επιεικώς ΑΠΑΡΑΔΕΧΤΑ!

Αφού το 2004 δεν υπάκουσε και επέστρεψε το κατάπτυστο σχέδιο Ανάν. Όλα μπορούν να αλλάξουν όμως, κατά την λογική του συστήματος, με Capital Controls-Μνημόνια – Δανειακή Εξάρτηση - Φτωχοποίηση.

Μπορούν άραγε;

Τι λέει ο Κυπριακός λαός;

Οι διαπραγματεύσεις ξεκίνησαν στις Βρυξέλλες χωρίς τη σύμφωνη γνώμη του, για ένα σχέδιο που προβλέπει την αναγνώριση ουσιαστικά σαν ισοκυρίαρχου του Τουρκοκυπριακού κράτους, κάτω από τον «φερετζέ» του δικοινοτικού, διζωνικού ομοσπονδιακού χαρακτήρα.

Κατά πόσο ελέγχει όμως η Άγκυρα την Τουρκοκυπριακή πλειοψηφία; Απόλυτα , αφού έχει εποικίσει όλη την Τουρκοκυπριακή πλευρά.

Για ποιες και πόσες εθνικές κυριαρχίες καθαρές και καμουφλαρισμένες μιλάμε;

Πολύ απλά, καμιά απόφαση δεν θα μπορεί να λαμβάνεται από την «Ομόσπονδη» Κύπρο χωρίς τη συναίνεση της Άγκυρας και καμιά απόφαση δεν θα μπορεί να λαμβάνεται εναντίον της Άγκυρας. Αυτό σημαίνει την διαμόρφωση της ελεύθερης Κύπρου σε Τουρκικό προτεκτοράτο.

Ποιες είναι οι επιδιώξεις του αμερικανικού παράγοντα;

Μα... να διαμορφώσει έναν γεωπολιτικό άξονα Ισραήλ-Τουρκίας, πάνω στον οποίο θα στηρίξει τη μεσανατολική πολιτική της κυβέρνησής του.

Μα... να βάλει χέρι στα ενεργειακά αποθέματα της Κύπρου.

Ποιες είναι οι επιδιώξεις της Ευρωπαικής Ένωσης;

Οι ίδιες. Να βάλουν χέρι στα ενεργειακά αποθέματα της Κύπρου.

Ένας, ένας παιδιά. Όλοι θα πάρετε...

ΑΡΘΡΟ 2ο

ΤΕΤΑΡΤΟ ΜΝΗΜΟΝΙΟ Ή ΕΚΛΟΓΕΣ

Το τέταρτο μνημόνιο είναι προ των πυλών.

Εκβιάζει το ΔΝΤ για μέτρα και μετά το 2018, προκειμένου να κάνει αναγκαία τη συμμετοχή του στο παιχνίδι, αλλιώς δεν θα ολοκληρωθεί η 2η αξιολόγηση, η οποία θα έπρεπε να είχε κλείσει από τις αρχές Δεκεμβρίου.

Σε πολύ μικρό χρονικό ορίζοντα όμως ακολουθεί και η 3η αξιολόγηση, με ίσως ακόμη πιο δύσκολα μέτρα. Που σημαίνει, ότι το οικονομικό μοτίβο δεν αλλάζει.

ΔΕΝ ΑΛΛΑΖΕΙ...

Όλα αυτά για να ενταχθεί η Ελλάδα στο πρόγραμμα «ποσοτικής χαλάρωσης» της ΕΚΤ που θα επιτρέψει υποτίθεται φθηνότερη και πιο άνετη χρηματοδότηση της οικονομίας.

Και πάλι ό λόγος για τις τράπεζες, οι οποίες θα μπορέσουν να αντλήσουν ανετότερα ρευστότητα από την ΕΚΤ. Τράπεζες οι οποίες είναι ιδιωτικές και που δεν χαλαρώνουν τη πολιτική τους απέναντι στους δανειολήπτες και στα κόκκινα δάνεια, που έχουν όμως καλύψει ταμειακά από τις ανακεφαλαιοποιήσεις. Και η «πρώτη κατοικία» κινδυνεύει ίσως περισσότερο από ποτέ...

Αυτή τη χρηματοδότηση συνολικού ύψους **4,2 δις** θα τη πληρώσει ο ελληνικός λαός, ο έλληνας φορολογούμενος με αιματηρές θυσίες, καθώς όχι μόνο θα χρεώνεται χωρίς αντίκρισμα, αλλά θα βλέπει και το εισόδημα του να συρρικνώνεται ακόμη περισσότερο.

Πιο ευάλωτες, η μικρή και η μεσαία τάξη, καθώς πρόκειται για μέτρα που αφορούν κυρίως τη μείωση του αφορολόγητου ορίου, την κατάργηση της προσωπικής διαφοράς στις κύριες συντάξεις, που σημαίνει μεγάλη μείωση τους και μείωση μισθών στο δημόσιο.

Μάλιστα αυτή τη φορά θα ακολουθήσουν μια πιο νεωτερική τακτική, του τύπου τα μέτρα να επιβάλλονται έτσι κι αλλιώς και όχι όταν δεν επιτυγχάνεται ο στόχος του πρωτογενούς πλεονάσματος ύψους 3,5%.

Μόνο έτσι θα εντάξει Η ΕΚΤ τα ελληνικά ομόλογα στο πρόγραμμα «ποσοτικής χαλάρωσης και το ΔΝΤ αφού θα αποκτήσει και πάλι ρόλο, θα κηρύξει το χρέος βιώσιμο.

ΙΣΑ ΓΙΑ ΝΑ ΠΕΘΑΝΟΥΜΕ ΜΙΑ ΚΑΙ ΚΑΛΗ...

Από την άλλη μεριά, προσέξτε, επαληθεύονται οι προβλέψεις του ίδιου του συστήματος.

Η Citigroup είχε προβλέψει υποβάθμιση του ελληνικού ΑΕΠ και εγκλωβισμό της χώρας σε βαθύτερη ύφεση, με υψηλές πληθωριστικές τάσεις στο τέλος του 2017 και... με εμφανή τον κίνδυνο του GREXIT.

Σε σχετική έκθεσή της σημείωνε, ότι δεν θα υπάρξει επιστροφή σε θετικούς ρυθμούς ανάπτυξης για το ελληνικό ΑΕΠ , λόγω των νέων μέτρων λιτότητας.

Προέβλεψε επίσης την εμπλοκή και τις καθυστερήσεις στη δεύτερη αξιολόγηση του προγράμματος, ΔΙΟΤΙ Η ΒΙΩΣΙΜΟΤΗΤΑ ΤΟΥ ΕΛΛΗΝΙΚΟΥ ΧΡΕΟΥΣ ΕΙΝΑΙ ΑΜΦΙΒΟΛΗ...

Ακολουθεί το πρακτορείο Bloomberg, που θεωρεί ότι τα νέα μέτρα δεν μπορούν να δώσουν λύση στο πρόβλημα, το ελληνικό χρέος δεν είναι βιώσιμο και ότι η αναμενόμενη μείωση του χρέους κατά 20% έως το 2060 είναι πολύ μικρή, καθώς η επίτευξη πλεονάσματος 3,5% για μια δεκαετία μετά το 2018 είναι ανέφικτος στόχος.

ΤΙ ΜΑΣ ΣΥΜΒΑΙΝΕΙ ΔΗΛΑΔΗ;

Μας επιβάλλουν μέτρα φτωχοποίησης –μικρότερες συντάξεις, απολύσεις, μεγαλύτεροι φόροι- ενώ και οι ίδιοι γνωρίζουν ότι δεν πρόκειται να δώσουν λύση στο πρόβλημα μας.

ΠΟΙΑ ΘΑ ΕΙΝΑΙ Η ΚΟΙΝΩΝΙΚΗ ΑΝΤΙΔΡΑΣΗ;

Αναμένεται σαρωτική, εφόσον λειτουργούν ακόμη τα αντανακλαστικά αξιοπρέπειας του ελληνικού λαού.

ΤΙ ΘΑ ΚΑΝΕΙ Η ΕΛΛΗΝΙΚΗ ΚΥΒΕΡΝΗΣΗ;

«Απελθέτω απ εμού το ποτήριον τούτο». Δεν θα σκάσει η βόμβα στα χέρια τους. Γιατί σίγουρα δεν είναι διατεθειμένοι να προχωρήσουν σε τολμηρές λύσεις, που αντιστοιχούν και σε αυτοθυσία.

ΑΝΑΜΕΝΟΝΤΑΙ ΕΚΛΟΓΕΣ;

Για να αποφευχθεί ένα ενδεχόμενο GREXIT, κάτω από την κοινωνική πίεση στην «αριστερή κυβέρνηση», με την αποδοχή και υλοποίηση του τέταρτου μνημονίου. Για να φύγει με τα λιγότερα «παράσχημα» ανδρείας. Γνωρίζουν ότι η έξοδος από το ευρώ είναι μονόδρομος και ενδεχομένως και το GREXIT. Απλά δεν έχουν το κουράγιο να το διανύσουν.

ΚΑΙ ΜΕΤΑ ΤΙ;

Και μετά όχι μόνο τέταρτο μνημόνιο , αλλά η ΠΑΡΑΔΟΣΗ άνευ όπλων, άνευ όρων, άνευ σημασίας, για ένα λαό πεθαμένο. Αφού δεν θα αποφασίσει η πλειοψηφία , αλλά ότι απέμεινε να ιεροσυλεί με την ψήφο του...

ΑΡΚΕΙ ΝΑ ΜΗΝ ΣΥΜΒΕΙ ΤΟ GREXIT.

Και χαλάσει η σούπα στις αγορές. Και ακολουθήσει ο όλεθρος της διάλυσης στην ΕΕ.

Τα λαϊκά κινήματα στην Ευρώπη φουντώνουν. Έρχονται εκλογές σε Ολλανδία, Γαλλία, Γερμανία. Πόσο θα κρατήσουν ακόμη στα χέρια τους την τράπουλα με τα σημαδεμένα φύλλα. Μια ήττα τους στην Ελλάδα, μετά την Βρετανία και την Ιταλία, θα σήμαινε και το τέλος της Ευρώπης.

Μια ήττα τους στην Ελλάδα όμως, θα σήμανε και την αρχή ενός καινούργιου κόσμου, δικαιότερου ίσως…

ΑΡΘΡΟ 3⁰

ΤΟ ΣΚΑΝΔΑΛΟ ΤΗΣ DEUTSCHE BANK

Το μεγαλύτερο σκάνδαλο χειραγώγησης επιτοκίου που έχει διαπραχθεί ποτέ.

Η μεγαλύτερη γερμανική τράπεζα κατέληξε σε εξωδικαστικό συμβιβασμό, ύψους 2,5 δις δολάρια, με τις αμερικανικές και βρετανικές αρχές , παραδεχόμενη το σκάνδαλο χειραγώγησης επιτοκίου, βάσει του οποίου οι τράπεζες χρεώνουν η μία την άλλη, ιδίως για βραχυπρόθεσμες χορηγήσεις.

Η αποζημίωση περιελάμβανε 600 εκ. στις ρυθμιστικές αρχές της Νέας Υόρκης, 800εκ. στην Επιτροπή Συναλλαγών Συμβολαίων Μελλοντικής Εκπλήρωσης Εμπορευμάτων (CFTC),775 εκ. στο Υπουργείο Δικαιοσύνης των ΗΠΑ και 344 εκ. στη βρετανική Αρχή Χρηματοοικονομικής Συμπεριφοράς (FCA).

Η τιμή της μετοχής της έπεσε κάτω από τα 10 ευρώ το Σεπτέμβριο και κλείνοντας το 2016, οι μετοχές του γερμανικού τραπεζικού κολοσσού σημείωσαν απώλειες της τάξης του 20% από τις αρχές του έτους.

ΑΡΘΡΟ 4ο

BREXCELLENT

Παρά την κινδυνολογία, από πλευράς της Ευρωπαικής Ένωσης, ότι το κόστος για τη βρετανική οικονομία από την "αβεβαιότητα" που προκάλεσε το BREXIT θα είναι υψηλότερο το 2017, η βρετανική αγορά στο κλείσιμο του 2016, βρέθηκε να χτυπά νέο ιστορικό ρεκόρ με τον FTSE 100 στις 7.142 μονάδες. Καμία απώλεια στην χρηματοοικονομική της βιομηχανία.

Με πλήρη ανάκαμψη από τα χαμηλά της 24ης Ιουνίου 24% μπήκε στη λίστα με τους top performers του 2016 και ξεκίνησε με νέα δυναμική το 2017.

Η απότομη πτώση της στερλίνας λειτούργησε καταλυτικά στις βρετανικές εισηγμένες με εξαγωγικό προσανατολισμό εταιρίες, οι οποίες είδαν τις μετοχές τους να σημειώνουν μεγάλη άνοδο.

Η «αβεβαιότητα του Brexit» άφησε όμως επιδεικτικά αδιάφορους και τους Βρετανούς καταναλωτές, οι οποίοι με τις δαπάνες τους στηρίζουν το λιανικό εμπόριο εσωτερικά.

Παρά τις φήμες ότι τελικά η Μ. Βρετανία δεν θα προχωρήσει στην υλοποίηση του BREXIT, στις 29 Μαρτίου ενεργοποίησε επίσημα το άρθρο 50 της Συνθήκης της Λισαβόνας, ενημερώνοντας την Ευρωπαική Ένωση για την βούληση της χώρας να εγκαταλείψει το μπλοκ των 28.

Έτσι το BREXIT δεν αποτελεί πια θεωρητικό ενδεχόμενο, όπως βιάστηκαν να διαδώσουν πολλοί, αλλά σημερινή πολιτική και οικονομική πραγματικότητα.

Τα δύο χρόνια διαπραγμάτευσης που ορίζει το χρονοδιάγραμμα του άρθρου 50, και ξεκινά τον Μάιο του 2017, όχι μόνο επαρκούν για την ολοκλήρωση των διαπραγματεύσεων, που η Ευρωπαική Ένωση προσπαθεί να παρουσιάσει ως τρομερά επίπονες, μόνο και μόνο για να κερδίσει χρόνο, αλλά και για να πεισθεί τελικά για την λανθασμένη πολιτική της πορεία και να σωθεί από τη διάλυση.

Μετά την κορυφαία απόδειξη του BREXIT, ότι οι πολιτικές της Ευρωπαικής Ένωσης είναι εντελώς αποτυχημένες, η γιγαντομαχία της διαπραγμάτευσης για τις μελλοντικές σχέσεις των δύο δεν μπορεί παρά να καταλήξει υπέρ της Μ. Βρετανίας, καθώς η δεύτερη αναπτύσσει νέες πολιτικές συμμαχίες με ΗΠΑ , Ινδία και Κίνα και θα αποτελέσει το δυνατότερο παίχτη στο τραπέζι των διαπραγματεύσεων.

Σύμφωνα με το χρονοδιάγραμμα, οι διαπραγματεύσεις θα πρέπει να έχουν ολοκληρωθεί μέσα σε 18 μήνες, δηλαδή μέχρι τον Οκτώβριο του 2018. Στη συνέχεια θα γίνει η επικύρωση από την Ευρωβουλή και τα εθνικά Κοινοβούλια.

Τι σημαίνει όμως η Μ. Βρετανία για την Ευρωπαική Ένωση:

- Η Ευρώπη θα χάσει το χρηματοοικονομικό της κέντρο, καθώς το Λονδίνο αποτελεί το παγκόσμιο κέντρο χρηματοοικονομικών αγορών, συνθήκη που ωφελούσε κυρίαρχα την Ευρώπη όσο βρισκόταν ακόμη στους κόλπους της. Πιο συγκεκριμένα η Μ. Βρετανία αντιπροσωπεύει το 37% του συνόλου των συναλλαγών ξένου συναλλάγματος ανά τον κόσμο, το 39% των διεθνών εξωχρηματιστηριακών συναλλαγών σε παράγωγα, ενώ παράλληλα αποτελεί το μεγαλύτερο κέντρο για τον διεθνή τραπεζικό δανεισμό.

- Απώλεια του σημαντικότερου μεριδίου συνεισφοράς στον κοινοτικό προϋπολογισμό. Η συνεισφορά της Βρετανίας στον κοινοτικό προϋπολογισμό είναι η τέταρτη μεγαλύτερη μετά της Γερμανίας, Γαλλίας και Ιταλίας.

- Η Μ. Βρετανία δήλωσε με αξιοζήλευτη ΠΟΛΙΤΙΚΗ ΕΥΘΥΤΗΤΑ ότι δεν θα πληρώσει τα 60 δισ. ευρώ λογαριασμό, που της βγάζουν, για την αποχώρηση από την Ένωση, με την δικαιολογία ότι θα χρησιμοποιηθούν στα συνταξιοδοτικά προγράμματα των εργαζομένων της. Με λίγα λόγια τους πετάει κατάμουτρα τις δράσεις ελεημοσύνης και θα αξιοποιήσει για λογαριασμό της και με δικό της έλεγχο αυτά τα χρήματα, καθώς έχει δώσει περισσότερα στον κοινό κορβανά για αυτά τα προγράμματα αλλά και συνολικά από ότι έχει πάρει.

- Το 45% των Βρετανικών εξαγωγών προς την Ευρωπαική Ένωση θα αποδώσει άλλη αξία στο εμπορικό ισοζύγιο της Μ. Βρετανίας καθώς θα ανεβάσει την αξία των εξαγώγιμων προιόντων και υπηρεσιών της.

- Αποκόπτεται όχι μόνο η δεύτερη μεγαλύτερη οικονομία, αλλά και μία από τις πιο σημαντικές δυνάμεις σε επίπεδο αμυντικής τεχνογνωσίας και εξοπλισμού, που επηρεάζει το παγκόσμιο πολιτικό γίγνεσθαι.

Και όσο η Ευρωπαική Ένωση δεν συνέρχεται πολιτικά και οικονομικά θα ακολουθήσουν κι άλλες αποχωρήσεις , που δεν θα είναι μόνο από τον Ευρωπαικό Νότο που σφυροκοπά ανελέητα , αλλά και από τις Σκανδιναβικές χώρες που αποτελούν ισχυρό πυρήνα της.

ΑΡΘΡΟ 5ο

ΟΤΑΝ Η ΓΑΛΛΙΑ ΚΑΙΓΕΤΑΙ

Και μετά το σκάνδαλο Φιγιόν- Πηνελόπη γκέιτ, που προαλειφόταν για το αντίπαλο δέος απέναντι στη Μαρί Λεπέν, το σύστημα αποφάσισε να προτάξει καινούργιο υποψήφιο, τον Εμμανουέλ Μακρόν.

Ο υποψήφιος για την γαλλική προεδρία και πρώην υπουργός Οικονομίας επί Ολάντ,Εμανουέλ Μακρόν, προμοτάρεται ως ανεξάρτητος , προκειμένου να συλλέξει ψηφοφόρους από όλους τους χώρους. Από τα αποκαΐδια Φιγιόν, από τον κεντροαριστερό χώρο , καθώς και από τον ακροδεξιό χώρο που εκπροσωπεί η Μαρί Λεπέν.

Μετά την εργασιακή μεταρρύθμιση που πέρασε η κυβέρνηση Ολάντ με προεδρικό διάταγμα παρακάμπτοντας τη Βουλή, χιλιάδες εργαζόμενοι διαδηλώνουν στο Παρίσι διαμαρτυρόμενοι για τις εργασιακές συνθήκες.

Η λύση της κυβέρνησης να ισορροπήσει την κατάσταση με λιτότητα, που αποτελεί και την κεντρική πολιτική της Ευρωπαικής Ένωσης, σε όλες τις χώρες μέλη με πρώτη την Ελλάδα, αποδείχτηκε παταγωδώς αποτυχημένη, που σημαίνει μακριά από τις πραγματικές ανάγκες των λαών.

Η πάταξη της θέλησης του λαών μέσω της αντιπροσωπευτικής δημοκρατίας , οδηγεί τους λαούς σε αμφισβήτηση και του ίδιου του θεσμού της Δημοκρατίας. Και εκφράζεται μέσα από την αντισυστημική ψήφο.

Η αντισυστημική ψήφος προέρχεται από όλες τις τάξεις , καθώς το ταξικό πρόβλημα είναι πλέον ξεπερασμένο, εκφράζει μια πατριωτική ιδεολογία και δεν κάνει πολιτικό θόρυβο.

Η βουβή προσέγγιση των εκλογών αποτελεί και την ΑΝΤΙΣΤΑΣΗ κατά της χειραγώγησης της ψήφου, που επιχειρείται από τα μίντια και την νομενκλατούρα που κυβερνά τον κόσμο.

Η ΑΝΑΤΡΟΠΗ της κυρίαρχης φιλελεύθερης και νεοφιλελεύθερης ιδεολογίας , που εκπροσωπείται από τις παραδοσιακές κεντροδεξιές και κεντροαριστερές παρατάξεις σήμερα , αντιστοιχεί στην ΑΝΑΤΡΟΠΗ που έχει επιφέρει αυτή η ιδεολογία στις σταθερές που επιτρέπουν την αξιοπρεπή οικονομική, πνευματική, πολιτιστική διαβίωση του ανθρώπου στον πλανήτη.

Η παγκοσμιοποίηση λειτούργησε ως όχημα, προκειμένου για την εδραίωση της άνισης κατανομής του πλούτου και της περαιτέρω φτωχοποίησης κι άλλων λαών.

Η ΑΝΤΙΠΑΓΚΟΣΜΙΟΠΟΙΗΣΗ λοιπόν, αρχίζει να αποκτά σάρκα και οστά (παρά την λαικιστική χροιά που προσπαθούν να της αποδώσουν), μέσα από την αντισυστημική ψήφο που υποστηρίζει την εθνική ταυτότητα , το εθνικό νόμισμα ως όπλο απέναντι στην αποβιομηχανοποίηση και τις εισαγωγές και μέσα από τον περιορισμό της μετανάστευσης , ως όπλο απέναντι στον ανταγωνισμό της φθηνής εργασίας.

Και πάμε λοιπόν ξανά στην Γαλλία...

ΟΤΑΝ Η ΓΑΛΛΙΑ ΚΑΙΓΕΤΑΙ , η ηγέτης της ακροδεξιάς Μαρί Λεπέν θα βγει κερδισμένη από τον πρώτο γύρο των προεδρικών εκλογών στη Γαλλία,   τον Απρίλιο του 2017.

Και υπάρχουν πολλές πιθανότητες να κερδίσει και στον δεύτερο γύρο και κατά συνέπεια την προεδρία της Γαλλίας.

Τόσο οι δημοσκόποι όσο και τα κατεστημένα μίντια όμως, δεν θα πουν ποτέ την αλήθεια, όπως δε την λένε τα τελευταία χρόνια άλλωστε , προκειμένου να συντηρήσουν την ΕΥΡΩΠΗ ΤΩΝ ΜΝΗΜΟΝΟΔΑΝΕΙΩΝ.

Ανεξάρτητα του τελικού αποτελέσματος βέβαια, είναι ζήτημα χρόνου η κατάρρευση του συστήματος, από την στιγμή που παραποιήθηκαν οι βασικές μεταβλητές   της Δημοκρατίας και ο κόσμος το πήρε χαμπάρι...

ΑΡΘΡΟ 6⁰

ΤΙ ΣΥΜΒΑΙΝΕΙ ΜΕ ΤΑ ΕΥΡΩΟΜΟΛΟΓΑ;

Βλέποντας την Ευρωπαική Ένωση να σύρεται στη διάλυση, πρότεινε πρόσφατα η Κομισιόν τη δημιουργία Ευρωπαϊκού Νομισματικού Ταμείου, Ευρωπαϊκού Υπουργείου Οικονομικών, την κοινή έκδοση ευρωπαϊκών ομολόγων (European Safe Assets) ή ευρωομολόγων, κοινή εγγύηση καταθέσεων, αλλά και αυστηρότερα δεδομένα οικονομικής σύγκλισης. Δράσεις οι οποίες εφόσον εγκριθούν, πρόκειται να υλοποιηθούν στο χρονικό διάστημα 2020 έως 2025.

Για να δούμε όμως τι είναι ακριβώς τα ευρωομόλογα;

Τα ευρωομόλογα ή αλλιώς ομόλογα σταθεροποίησης, είναι αξιόχρεα που προτείνεται να εκδοθούν από κοινού από τις χώρες στην Ευρωζώνη. Πρόκειται για επενδυτικά προϊόντα, με τα οποία ο αγοραστής δανείζει ένα συγκεκριμένο ποσό στις χώρες της Ευρωζώνης που θα εκδόσουν ευρωομόλογα για ένα συγκεκριμένο χρονικό διάστημα, με ένα προσυμφωνημένο επιτόκιο.

Η ιδέα προέκυψε από τους οικονομολόγους Jakob von Weizsäcker και Jacques Delpla, τον Μάιο του 2010, οι οποίοι πρότειναν ως λύση για την κρίση χρέους στην Ευρώπη την χρησιμοποίηση ενός μείγματος παραδοσιακών κρατικών ομολόγων και κοινών ευρωομολόγων. Έτσι θα μπορούσαν οι ασθενέστερες ευρωπαϊκές οικονομίες, οι οποίες θα έπρεπε να πάρουν μέτρα δημοσιονομικής πειθαρχίας, να ορθοποδήσουν. Η Ευρωζώνη θα εξέδιδε ευρωομόλογα που θα αντιστοιχούσαν σε χρέος έως το 60% του συνολικού ΑΕΠ των Ευρωχωρών, με αποτέλεσμα το χρέος τους αλλά και το επιτόκιο δανεισμού να γίνει κοινό για όλους.

Με το χρέος να γίνεται κοινό για όλους, η Γερμανία θα έπρεπε να εγγυάται και την αποπληρωμή των χρεών χωρών όπως η Πορτογαλία, η Ιταλία, η Ελλάδα, η Ισπανία και η Ιρλανδία.

Όμως το 2011, η Γερμανία μέσω της καγκελαρίου Μέρκελ, με πιστοληπτική αξιολόγηση (ΑΑΑ), που σημαίνει ότι μπορεί να δανείζεται με πολύ μικρότερα επιτόκια από ότι οι άλλες χώρες, απέρριψε την πρόταση…

Σήμερα προτείνεται η έκδοση ενός ευρωομολόγου, που θα επιτρέπει σε εξασθενημένες χώρες του ευρώ να δημιουργούν χρέη, χωρίς όμως να ευθύνεται η μία για τα χρέη της άλλης.

ΠΡΟΤΕΙΝΕΤΑΙ ΔΗΛΑΔΗ ΕΝΑ ΕΥΡΩΟΜΟΛΟΓΟ ΣΤΑ ΜΕΤΡΑ ΤΗΣ ΓΕΡΜΑΝΙΑΣ.

Εμπνευστής της ιδέας, ο καθηγητής Οικονομίας στο Πανεπιστήμιο του Princeton, Μάρκους Μπρουνερμάιερ, πρότεινε τη μορφή ενός λεγόμενου «κυβερνητικού ομολόγου», με το οποίο, τα ομόλογα των επιμέρους κρατών της ευρωζώνης θα συνενώνονται και θα χωρίζονται σε **δύο κατηγορίες ρίσκου**, υψηλού και χαμηλού και οι επενδυτές θα μπορούν να επιλέγουν τη μια ή την άλλη κατηγορία, αναλόγως του ρίσκου που θέλουν να πάρουν.

Τι σημαίνει αυτό; Αυτό σημαίνει ότι οι μικρότερες χώρες, που θα εκδίδουν τα ευρωομόλογα, θα πρέπει να παραιτηθούν από κάποια δικαιώματά τους όσον αφορά την άσκηση και όχι μόνο της οικονομικής τους πολιτικής...

Η εκχώρηση κυριαρχικών δικαιωμάτων σε κεντρική διοίκηση της ευρωζώνης, σημαίνει ακόμη περισσότερη δημοσιονομική λιτότητα όπως ΚΑΙ ΠΟΛΛΑ ΑΛΛΑ...

Και αν υποθέσουμε, ότι στόχος είναι η δημιουργία ενός ομόσπονδου κράτους, αυτό θα έπρεπε να είχε δημιουργηθεί χρόνια πριν την εξαθλίωση των κρατών, μέσω των δυσβάσταχτων δανεισμών.

Η λύση αποτελούσε και θα αποτελεί μία, όσες υποτιθέμενες δράσεις κι αν υιοθετηθούν για την διάσωση της Ευρωζώνης και κατ΄ επέκταση της Ευρωπαικής Ένωσης και αυτή είναι : Η ΔΙΑΘΕΣΗ ΜΕΡΟΥΣ ΤΩΝ ΠΛΕΟΝΑΣΜΑΤΙΚΩΝ ΠΟΥ ΕΧΟΥΝ ΔΗΜΙΟΥΡΓΗΣΕΙ ΚΡΑΤΗ-ΜΕΛΗ ΟΠΩΣ Η ΓΕΡΜΑΝΙΑ , ΑΠΟ ΤΙΣ ΕΞΑΓΩΓΕΣ ΤΟΥΣ ΣΕ ΑΣΘΕΝΕΣΤΕΡΕΣ ΟΙΚΟΝΟΜΙΕΣ...ΣΤΙΣ ΑΣΘΕΝΕΣΤΕΡΕΣ ΟΙΚΟΝΟΜΙΕΣ.

Μόνο έτσι μπορεί να ανασυγκροτηθεί η Ευρωπαική Ένωση και να θεμελιώσει τις οικονομία της συνολικά και όχι αποσπασματικά. Αλλιώς το τέλος θα έρθει και πολύ σύντομα μάλιστα, καθώς κράτη όπως η Ελλάδα που έχουν απολέσει τη παραγωγική τους δραστηριότητα ΔΕΝ ΕΧΟΥΝ ΜΕΛΛΟΝ.

ΤΟ ΜΕΛΛΟΝ ΜΙΑ ΧΩΡΑΣ ΟΙΚΟΔΟΜΕΙΤΑΙ ΠΑΝΩ ΣΤΗ ΕΣΩΤΕΡΙΚΗ ΤΗΣ ΟΙΚΟΝΟΜΙΑ , ΠΑΝΩ ΣΤΗΝ ΕΓΧΩΡΙΑ ΠΑΡΑΓΩΓΗ, ΜΕΤΑΠΟΙΗΣΗ , ΕΜΠΟΡΙΟ, ΠΑΝΩ ΣΤΟΝ ΕΠΙΧΕΙΡΗΜΑΤΙΚΟ ΤΗΣ ΙΣΤΟ ΚΑΙ ΟΧΙ ΣΤΟ ΔΑΝΕΙΣΜΟ, ΟΥΤΕ ΣΤΑ ΕΥΡΩΟΜΟΛΟΓΑ ΠΟΥ ΚΑΤΑΛΗΓΟΥΝ ΤΕΛΙΚΑ ΩΣ ΑΛΛΗ ΜΟΡΦΗ ΔΑΝΕΙΣΜΟΥ, ΠΟΥ ΚΑΝΕΝΑΣ ΔΕΝ ΠΑΙΡΝΕΙ ΤΗΝ ΕΥΘΥΝΗ ΓΙΑ ΑΥΤΑ, ΟΥΤΕ ΣΤΗΝ ΕΚΧΩΡΗΣΗ ΚΥΡΙΑΡΧΙΚΩΝ ΤΗΣ ΔΙΚΑΙΩΜΑΤΩΝ.

ΠΟΣΟ ΠΙΟ ΚΑΤΑΝΟΗΤΟ ΠΡΕΠΕΙ ΝΑ ΓΙΝΕΙ ΑΥΤΟ ΠΙΑ...

ΑΡΘΡΟ 7°

ΕΝΟΨΕΙ ΕΚΛΟΓΩΝ ΣΕ ΟΛΟ ΤΟΝ ΚΟΣΜΟ

Εκλογές ενόψει και από ότι φαίνεται ανατροπές ενδέχεται να χαρακτηρίσουν και αυτή τη χρονιά.

Νέες συμμαχίες εμφανίζονται στον ορίζονται, τις οποίες σηματοδότησε η άφιξη Τραμπ στον Λευκό Οίκο.

Τα έθνη διαμαρτύρονται εμπρός στις πρακτικές της παγκοσμιοποίησης και κάνουν συντονισμένες προσπάθειες προκειμένου να αποκαταστήσουν τον οικονομικό και κοινωνικό ιστό τους.

Για αυτό και δεν τους ενδιαφέρει το πολιτικό scale στο οποίο βρίσκεται ο κάθε υποψήφιος, αν είναι δηλαδή ακροδεξιός κτλ, αλλά κατά πόσο υπερασπίζεται τα συμφέροντα του έθνους-κράτους που καλείται να υπηρετήσει.

Σ' αυτή τη λογική η Ευρωπαική Ένωση θα διαλυθεί, καθώς απέτυχε παταγωδώς να καλύψει τις ανάγκες των κρατών –μελών της και των λαών τους και το χειρότερο φαίνεται να επιμένει να αγνοεί τις φωνές που εγείρονται για αλλαγή πολιτικής πλεύσης.

Και έτσι καινούργια γεωεθνικά σχήματα θα διαμορφωθούν με κοινά συμφέροντα, σε συνεργασία με μεγαλύτερες πολιτικά δυνάμεις.

Ολλανδικές Εκλογές - 15 Μαρτίου

Εάν εκλεγεί ο ακροδεξιός Ολλανδός πολιτικός Γκέερτ Βίλντερς , τότε το NEXIT η έξοδος δηλαδή της Ολλανδίας από την Ευρωπαική Ένωση είναι πολύ πιθανή.

Ακόμη όμως και να μην πάρει την εξουσία , η ισχυρή θέση του PVV θα οδηγήσει άλλα ολλανδικά κόμματα να προσπαθήσουν να σχηματίσουν κυβέρνηση συνασπισμού αποκλείοντας τον Βίλντερς από την εξουσία. Έτσι θα ξεκινήσει μια περίοδος πολιτικής αστάθειας για τη χώρα, που μοιραία θα καταλήξει στην απαξίωση της Ευρωπαικής Ένωσης.

Χονγκ Κονγκ Εκλογές - 26 Μαρτίου

Το Χονγκ Κονγκ και η Κίνα αποτελούν μια κατά κάποιον τρόπο «συνομοσπονδία», αλλά στην ουσία το Χονγκ Κονγκ αποτελεί προτεκτοράτο της

Κίνας. Το Πεκίνο αποφασίζει , το Πεκίνο διορίζει. Η "επανάσταση της ομπρέλας" όμως το 2014, από τις νεότερες γενιές, σηματοδότησε την ανάγκη να εκλέγει το Χονγκ Κονγκ τους δικούς του επικεφαλείς χωρίς τον προστατευτισμό της Κίνας, γεγονός που μπορεί να οδηγήσει στην ανεξαρτητοποίηση του.

Γαλλία Προεδρικές Εκλογές -Πρώτος γύρος 23 Απριλίου- Δεύτερος γύρος 7 Μαΐου

Η αποτυχία της κυβέρνησης Ολάντ – αφομοιωμένη από τις πολιτικές λιτότητας της Ευρωπαικής Ένωσης, θα οδηγήσει σε νέες ανατροπές.

Η Μαρίν Λεπέν, ηγέτιδα του ακροδεξιού Εθνικιστικού Μετώπου της Γαλλίας θα βγει κερδισμένη από τον πρώτο γύρο των εκλογών τον Απρίλιο και ενδέχεται να κερδίσει και το δεύτερο και να είναι η νέα πρόεδρος της Γαλλίας. Σε αυτή την περίπτωση το FREXIT είναι σχεδόν σίγουρο.

Ακόμη όμως και να μην κερδίσει την Προεδρία , θα αποτελέσει ηγέτιδα δύναμη που θα προκαλέσει την αποσταθεροποίηση της όποιας αυτοσχέδιας πολιτικής ακολουθηθεί για να παραμείνει η Γαλλία στην λογική της Ενωμένης Ευρωγερμανίας...

Πρόωρες βουλευτικές εκλογές στη Βουλγαρία – 26 Μαρτίου

Ο Ρούμεν Ράντεφ, ηγέτης του σοσιαλιστικού κόμματος στην Βουλγαρία, που ανέλαβε τα καθήκοντά του ως πρόεδρος στις αρχές του μήνα, μετά από την νίκη του στις προεδρικές εκλογές τον περασμένο χρόνο, ανέθεσε την πρωθυπουργία στον πρώην πρόεδρο του κοινοβουλίου, τον Όγκνιαν Γκερτζίκοφ και προκήρυξε πρόωρες βουλευτικές εκλογές για τις 26 Μαρτίου.

Εκτιμάται ότι το σοσιαλιστικό κόμμα θα κερδίσει και εδώ τις εκλογές και θα μπουν στη βουλή η ακροδεξιά συμμαχία, το κόμμα της τουρκικής, καθώς και το κόμμα του «Βούλγαρου Τραμπ» , του βιομήχανου Βεσελίν Μαρέσκι.

Ανατροπές λοιπόν και στην χώρα της Ευρωπαικής Ένωσης, με τους χαμηλότερους μισθούς και συντάξεις.

Πρόωρες εκλογές στην Ιταλία- Μέσα στο 2017

Πρόωρες εκλογές ενδέχεται να έχουμε και στη Ιταλία μέσα στο 2017, καθώς το Συνταγματικό Δικαστήριο της χώρας έκρινε ότι ο εκλογικός νόμος, στο μεγαλύτερο μέρος του, μπορεί να εφαρμοστεί κανονικά στις επόμενες βουλευτικές εκλογές. Ενώ απέρριψε το σύστημα του β' γύρου το οποίο θα εφαρμοζόταν σε περίπτωση που το πρώτο κόμμα δεν λάμβανε ποσοστό ίσο ή μεγαλύτερο του 40% των ψήφων, που είναι το όριο της αυτοδυναμίας.

Οπότε ενδέχεται να έχουμε μεγάλες ανακατατάξεις και στη Ιταλία, καθώς οι νέες εξελίξεις προιδεάζουν για κυβερνητικούς συνασπισμούς, όχι φιλικούς προς την Ευρωπαική Ένωση και τις πολιτικές της.

Παγκόσμιος Οργανισμός Υγείας – Εκλογές το Μάιο

Ο Παγκόσμιος οργανισμός υγείας ετοιμάζεται να επιλέξει νέο γενικό διευθυντή. Ο Τέντρος Αντχανόμ Τσεμπρεγιέσους, πρώην υπουργός Υγείας και Εξωτερικών της Αιθιοπίας, έχει τις περισσότερες πιθανότητες να εκλεγεί στη θέση του νέου Γενικού Διευθυντή, λόγω της υποστήριξής του μεταξύ των αφρικανικών μελών.

Ιράν Προεδρικές Εκλογές - 19 Μαΐου

Ο σημερινός πρόεδρος Χασάν Ρουχανί διαπραγματεύτηκε μια πυρηνική συμφωνία με τη Δύση, αίροντας πολλές από τις κυρώσεις που αντιμετωπίζει. Η ιρανική οικονομία όμως συνεχίζει να έχει προβλήματα, καθώς η χαλάρωση των κυρώσεων δεν έχει ακόμη ωφελήσει πρακτικά την οικονομία και ο χάρτης των πολιτικών δικαιωμάτων δεν έχει ακόμη υλοποιηθεί. Αναμένεται να επανεκλεγεί , καθώς δεν υπάρχει ισχυρός αντίπαλος. Αυτό όμως δεν σημαίνει, ότι η χώρα δεν βρίσκεται σε κατάσταση βρασμού.

Ρουάντα Βουλευτικές Εκλογές - Αύγουστος

Το 1994, ο Πολ Καγκάμε, επικεφαλής του Πατριωτικού Μετώπου ανέτρεψε την κυβέρνηση που ξεκίνησε τη γενοκτονία στη Ρουάντα. Πέρυσι, η Ρουάντα ψήφισε ένα συνταγματικό δημοψήφισμα που του επιτρέπει να παραμείνει στην εξουσία μέχρι το 2034. Ως μόνος υποψήφιος θα κερδίσει τις εκλογές, παρά το γεγονός ότι οι παραβιάσεις των ανθρωπίνων δικαιωμάτων συνεχίζονται. Μέχρι να γίνει και πάλι η ανατροπή...

Γερμανία Ομοσπονδιακές Εκλογές- 22 Οκτωβρίου

Στη Γερμανία η Άγκελα Μέρκελ , η οποία κατέχει τη θέση της καγκελάριου από το 2005, θα θέσει υποψηφιότητα για τέταρτη φορά.

Στήθος με στήθος φαίνεται να είναι το κεντροδεξιό Χριστιανοδημοκρατικό κόμμα της Μέρκελ με το κεντροαριστερό Σοσιαλδημοκρατικό κόμμα που εκπροσωπείται από τον Μάρτιν Σουλτς,

Για να δούμε, το στίγμα της πολιτικής λιτότητας, το οποίο χαρακτήρισε την πολιτική καριέρα της Μέρκελ τι πορεία θα δώσει στις εκλογές;

Ακόμη και να κερδίσει όμως τις εκλογές , δεν θα πάψει να είναι ένα μαύρο στίγμα, που ενδεχομένως να διαλύσει την Ευρώπη.

Ταυτόχρονα το δεξιό αντιμεταναστευτικό, αντιευρωπαικό κόμμα έχει κερδίσει σημαντικό έδαφος , κάτι που θα κάνει τις εκλογές , ακόμη και στην περίπτωση νίκης της Μέρκελ, να αντιμετωπίζονται ως πολιτική παρωδία, καθώς μετά και από αυτή την δυνητική τετραετία κανείς δεν ξέρει τι θα αφήσει πίσω της για τη Ευρώπη, αλλά και την ίδια τη Γερμανία.

Νότια Κορέα Προεδρικές Εκλογές

Το Συνταγματικό Δικαστήριο της Νότιας Κορέας μόλις επικύρωσε την καθαίρεση της προέδρου Παρκ Γκιούν-Χιε από την νοτιοκορεατική Εθνοσυνέλευση στις 9 Δεκεμβρίου, καθώς βρίσκεται στο επίκεντρο μεγάλου σκανδάλου διαφθοράς, παραβιάζοντας την Δημοκρατία και το κράτος Δικαίου.

Αυτό σημαίνει ότι η πρώην πρόεδρος οφείλει να εγκαταλείψει το προεδρικό μέγαρο και πρόωρες εκλογές να οργανωθούν σε διάστημα 60 ημερών.

Η Παρκ χάνει όμως και την προεδρική της ασυλία και μπορεί να διωχθεί δικαστικά. Έτσι οφείλει η Δημοκρατία να λειτουργεί...

Η χώρα βρίσκεται σε επιφυλακή, καθώς το γεγονός έχει επιφέρει μεγάλο διχασμό, όταν απέναντι έχει μια πυρηνική Βόρεια Κορέα που συνεχίζει να αυξάνεται.

Ο ηγέτης της αντιπολίτευσης Μουν Τζαε-ιν φαίνεται να είναι το φαβορί για τις εκλογές, ενώ ο Λι Τζει Μαιγιούνκ με το παρατσούκλι «Κορεάτης Τραμπ» έχει ανοδική πορεία.

Ταϊλάνδη Βουλευτικές Εκλογές - Τέλη 2017

Σε μια χώρα με βαθιά ταξικά προβλήματα - τεράστια απόσταση μεταξύ της αστικής με τη μικρή φτωχή τάξη- ο ταϊλανδέζικος στρατός εν είδη χούντας έχει ανατρέψει την κυβέρνηση της Ταυλάνδης 12 φορές από το 1932.

Την τελευταία φορά, το Μάιο του 2014, έδιωξε την πρωθυπουργό Γίνγκλακ Σιναουάτρα.

Τον Αύγουστο του 2016 οι Ταϊλανδοί ψήφισαν με ένα ποσοστό 61% υπέρ και 39% κατά , με συμμετοχή της τάξης του 59% των ψηφοφόρων, ένα νέο σύνταγμα που δίνει υπερεξουσίες στο στρατό, προκειμένου εδραιώσει τον ρόλο του στην πολιτική ζωή του τόπου. Το νέο σύνταγμα είναι το εικοστό της Ταϊλάνδης από το 1930.

Πρόκειται για νίκη του πρωθυπουργού και αρχηγού του στρατιωτικού πραξικοπήματος του 2014 Πραγιούθ Τσαν Οτσά, η οποία θα ανοίξει το δρόμο σε μια «ελεγχόμενη» δημοκρατία.

ΑΡΘΡΟ 8ο

ΤΑ ΟΦΕΛΗ ΤΗΣ ΓΕΡΜΑΝΙΑΣ ΑΠΟ ΤΑ ΕΛΛΗΝΙΚΑ ΑΕΡΟΔΡΟΜΙΑ

Πρόσφατα απορρίφθηκε με 120 ψήφους υπέρ, 417 κατά και 14 αποχές, η τροπολογία για την ακύρωση της σύμβασης παραχώρησης στη Fraport AG-Slentel Ltd (κοινοπραξία γερμανικών συμφερόντων) των 14 κερδοφόρων περιφερειακών αεροδρομίων της Ελλάδας, που κατατέθηκε προς ψήφιση στην Ολομέλεια του Ευρωπαϊκού Κοινοβουλίου.

Η τροπολογία κατατέθηκε προς ψήφιση στο Ευρωκοινοβούλιο, με στόχο να ενισχύσει την στρατηγική ανάπτυξης και τα έσοδα της ελληνικής οικονομίας εν μέσω βαθιάς κρίσης, καθώς

1) Τα μικρά και περιφερειακά αεροδρόμια μεν, έχουν τεράστια σημασία για την ενίσχυση και ανάπτυξη των τοπικών οικονομιών και κατ' επέκταση της συνολικής οικονομίας της χώρας, καθώς αποβλέπουν σε έσοδα από την παράλληλη οικονομία του τουρισμού.

2) Η συγκεκριμένη κοινοπραξία δεν έχει τη οικονομική δυνατότητα να ολοκληρώσει ούτε καν το εφάπαξ τίμημα της σύμβασης με το Ελληνικό δημόσιο.

Πρέπει να σημειωθεί ότι, η συγκεκριμένη σύμβαση αποτέλεσε προυπόθεση για το 3ο Πρόγραμμα Οικονομικής Προσαρμογής, ή αλλιώς 3ο Μνημόνιο.

Αποτέλεσε δηλαδή προιόν πολιτικής πίεσης προς τη χώρα από την Ευρωπαική Ένωση , εν καιρώ κρίσης, που αντίκειται στου κανόνες του θεμιτού ανταγωνισμού, καθώς προσανατολίζει στη συγκεκριμένη Γερμανική Κοινοπραξία και δεν πληροί τις προυποθέσεις περί *συνδεσιμότητας, εδαφικής συνοχής, κοινωνικής ένταξης νησιωτικότητας σύμφωνα με τους κανόνες της ΕΕ περί κρατικών ενισχύσεων.*

Το γεγονός ότι η συγκεκριμένη δεν μπορεί κιόλας να ανταπεξέλθει στο τίμημα που έχει συμφωνηθεί με το ελληνικό δημόσιο, καθιστά ακόμη πιο κολάσιμη την ανάμιξη της Γερμανικής εξουσίας στην «εκπλειστηρίαση» της ελληνικής περιουσίας.

Το παιχνίδι των ιδιωτικοποιήσεων δεν μπορεί να αποβεί κερδοφόρο για τη χώρα, όταν αφορά δημόσια αγαθά και όταν το τίμημα της εξαγοράς συμφέρει μόνο τον αγοραστή.

Αυτό όχι μόνο δεν μπορεί να οδηγήσει την χώρα σε έξοδο από τη κρίση, αλλά θα δημιουργήσει ανακύκλωση της λιτότητας με πιο καταστροφικά ακόμη αποτελέσματα στην οικονομία και τον κοινωνικό και επαγγελματικό ιστό.

Παράλληλα η επιβολή νέων μέτρων σε περικοπές εισοδημάτων και συντάξεων θα δημιουργήσει την τελική αποσταθεροποίηση της χώρας, θα βουλιάξει το ΑΕΠ και όχι πρωτογενές πλεόνασμα ούτε πασατέμπος δεν θα μείνει.

Η πληρωμή του χρέους όμως θα συνεχίζεται, καθώς αυτό είναι το ζητούμενο, όπως επίσης και ο δανεισμός που είναι το πολιτικό ζητούμενο της υπόθεσης.

Ποιος μπορεί όμως να κάνει κάτι, εφόσον συνεχίζουμε να αποδεχόμαστε την παγκοσμιοποιημένη λογική του ΜΠΑΤΕ ΣΚΥΛΟΙ ΑΛΕΣΤΕ ΚΑΙ ΑΛΕΣΤΙΚΑ ΜΗ ΔΙΝΕΤΕ…

Αυτοί έχουν και το καρπούζι και το μαχαίρι. Κατέχουν δηλαδή όλα τα εργαλεία της εξουσίας και τα χρησιμοποιούν για να μας πτωχεύουν κι άλλο.

Το κράτος είναι πτωχευμένο και καμία πτώχευση δεν ξεπερνιέται με νέα δάνεια, καμουφλαρισμένα με νέα μνημόνια.

Τα περιουσιακά μας στοιχεία βρίσκονται σε διαδικασία ολικής εκχώρησης.

Ο εγχώριος ιδιωτικός τομέας πεθαίνει.

Η υποτίμηση της εργασίας και των ασφαλιστικών και συνταξιοδοτικών δικαιωμάτων των εργαζομένων είναι πραγματικότητα με τη χώρα στο ευρώ και όχι σε παράλληλο ή δικό της νόμισμα.

Η κοινοβουλευτική εξουσία επί των φορολογικών νομοθετημάτων, επί των τραπεζών και επί της δημόσιας περιουσίας έχει καταργηθεί.

ΑΡΑ ΤΙ ΨΗΦΙΖΕΙΣ ΕΛΛΗΝΑ;

Ελληνική κυβέρνηση ή μήπως και η ψήφος σου είναι εκχωρημένη σε αυτούς, που υποτίθεται σου δίνουν το χέρι να σηκωθείς, αλλά στο δίνουν μόνο για να σ' αφήσουν να πέσεις πιο δυνατά στο έδαφος μετά, μέχρι να συντρίψεις και το τελευταίο σου κόκκαλο;

ΠΟΙΑ ΕΥΡΩΠΗ ΘΑ ΣΕ ΣΩΣΕΙ ;

Η ΕΥΡΩΠΗ ΤΟΥ 4^{ου} ΜΝΗΜΟΝΙΟΥ;

ΟΤΑΝ ΟΙ ΕΥΡΩΠΕΣ ΔΕΝ ΣΥΝΕΤΙΖΟΝΤΑΙ…ΑΝΑΤΡΕΠΟΝΤΑΙ !

ΑΡΘΡΟ 9ο

ΑΝΑΤΡΟΠΗ – ΤΟ ΣΤΙΓΜΑ ΤΩΝ ΚΑΙΡΩΝ

Η ΑΝΑΤΡΟΠΗ είναι μια λέξη που ενεργοποιείται σε δράση, όταν απειλείται η Δημοκρατία.

Και αυτό συμβαίνει όταν η πολιτική προσδιορίζει την ηθική της Δημοκρατίας και όχι το αντίστροφο. Διότι η ηθική δεν αποτελεί ένα υπεριστορικό μέγεθος , αλλά ένα συγκεκριμένο κοινωνικό αγαθό που λειτουργεί δημιουργικά μέσα στο πλαίσιο των ταξικών ανταγωνισμών και καταρτίζει τον πολιτικό σχεδιασμό του καιρού που κάθε φορά υπηρετεί.

Η σκοπιμότητά της δεν προσδιορίζεται με αθέμιτα μέσα, ούτε με τη ιδεολογία της κάστας που επιθυμεί να κυριαρχεί στον κόσμο.

Όταν όμως η τάση της παραπάνω εξουσίας να δικαιολογήσει τις αυθαιρεσίες της, καταργεί αυτές τις βασικές προυποθέσεις μιας ισορροπημένης οικονομικής και κοινωνικής ανάπτυξης στον πλανήτη , που διασφαλίζει η ηθική της Δημοκρατίας, τότε η ΑΝΑΤΡΟΠΗ γίνεται ΦΥΣΙΚΟ ΔΙΚΑΙΟ...

Η ΑΝΑΤΡΟΠΗ διεκδικεί την δημιουργία νέων θεσμών , που να εκφράζουν τις σύγχρονες παραγωγικές σχέσεις, μεταξύ των ανεπτυγμένων και των λιγότερο ανεπτυγμένων λαών, χωρίς να καταργεί την εθνική τους ταυτότητα. Διεκδικεί ένα νέο Δίκαιο οικονομικής-κοινωνικής-πολιτιστικής ανασύνταξης, που στόχο θα έχει να υπηρετεί τον άνθρωπο και τη φύση.

Εκατομμύρια άνθρωποι σε όλο τον κόσμο πήγαν στις κάλπες το περασμένο έτος με αυτήν ακριβώς την τάση. Να ανατρέψουν καθεστωτικές καταστάσεις που απειλούσαν τα Δημοκρατικά τους κεκτημένα.

Ο εκφυλισμός των Δημοκρατικών θεσμών από εμποζρομεσολαβητικούς μηχανισμούς, που σφυροκόπησαν τα εσωτερικά και εξωτερικά στηρίγματα των εθνών, οδήγησαν στον επαναπροσδιορισμό της συλλογικής συνείδησης, που είχε επαναπαυθεί ναρκωμένη από το όπιο του καταναλωτισμού.

Η διαπίστωση για το ηθικό επίπεδο που είχε εκπέσει η Δημοκρατία, μετατράπηκε σε αντιρητορική της αναγνώρισης του γιγαντισμού όποιας εξουσίας εμπορευόταν τον άνθρωπο και εκπυρσοκρότησε πίσω.

Οι Βρετανοί αψήφησαν την Ευρωπαική Ένωση και με πολιτικά ευέλικτο τρόπο ψήφισαν να αποχωρήσουν από αυτήν. Οι Ιταλοί με δημοψήφισμα απομάκρυναν τον κίνδυνο να απειληθεί η Δημοκρατία τους από την κατάργηση της Γερουσίας και να υποταχθεί στην Ευρωπαική Ένωση. Οι Κολομβιανοί απέρριψαν την ειρηνευτική συμφωνία της κυβέρνησής τους με τις FARC. Στις ΗΠΑ, ο Ντόναλντ Τραμπ ενάντια σε όλα τα στημένα προγνωστικά, κέρδισε τις εκλογές με κεντρικό πολιτικό του άξονα τις εκ βάθρων αλλαγές στην οικονομική και εξωτερική πολιτική της χώρας του.

Και έπονται ακόμη μεγαλύτερες ανατροπές το έτος που διανύουμε, όχι μόνο σε χώρες αλλά και οργανισμούς, όχι μόνο στην Ευρώπη αλλά και σε ολόκληρο τον κόσμο.

ΑΡΘΡΟ 10ο

ΕΥΡΩΖΩΝΗ – Η ΝΟΜΙΣΜΑΤΙΚΗ ΦΥΛΑΚΗ ΤΗΣ ΕΥΡΩΠΗΣ

Η μεγάλη ιδέα της Ευρωπαικής Ένωσης φαίνεται να ξεφτίζει όλο και πιο πολύ, από τις ίδιες τις πολιτικές διαχείρισής της.

Το σχέδιο που εφαρμόζεται τώρα πια στον πυρήνα του «Πρώτου Κόσμου» και εμφανίζεται ως διακρατικά επιβεβλημένο, έχει ως πρώτη τακτική κίνηση τις ιδιωτικοποιήσεις των δημοσίων αγαθών αυτών των χωρών, προκειμένου για την αποπληρωμή των χρεών τους.

Η εμπορευματοποίηση και έμμεση ιδιωτικοποίηση όλων των δημόσιων αγαθών οδήγησε σε εκτίναξη όμως των τιμολογίων, με αποτέλεσμα να επιφέρουν τεράστιο ρήγμα στον κοινωνικό ιστό των χωρών.

Η δεύτερη κίνηση είναι η εσωτερική υποτίμηση στο κόστος εργασίας και των συντάξεων στο όνομα της εξυπηρέτησης του δημόσιου εξωτερικού χρέους, που υποθηκεύει όχι μόνο τις περιουσίες των λαών, αλλά και την κοινωνική τους επιβίωση, οξύνοντας ταυτόχρονα τις δομικές ανισότητες εντός της Ευρωζώνης.

Σύμφωνα με σχετική έρευνα του ESCEM School of Management του Βερολίνου, το καθεστώς των μνημονίων και των υποτιθέμενων προγραμμάτων προσαρμογής και διάσωσης όχι μόνο δεν διέσωσαν μισθούς και συντάξεις στην Ελλάδα, αλλά από τα χρήματα του δανεισμού μόνο ένα ποσό μικρότερο των 10 δις ευρώ κατέληξε στον Ελληνικό κρατικό προϋπολογισμό. Το υπόλοιπο χρησιμοποιήθηκε για την αποπληρωμή τοκοχρεολυσίων ιδιωτών πιστωτών και για την ανακεφαλαιοποίηση ιδιωτικών τραπεζών, ενώ επισημαίνεται και η μετατροπή του νομικού καθεστώτος του ελληνικού χρέους σε επίσημο χρέος προς υπερεθνικούς οργανισμούς και κράτη.

Η τρίτη κίνηση είναι η απελευθέρωση στην κυκλοφορία του κεφαλαίου. Θεωρητικά η απορύθμιση στην κυκλοφορία του κεφαλαίου στηρίζει εισροή και εκροή κεφαλαίων προς και από τη χώρα. Πρακτικά όμως αυτό που γίνεται είναι τα κεφάλαια να εισρέουν κερδοσκοπικά στην αγορά ακινήτων και να φεύγουν αμέσως μετά.

Η τρίτη κίνηση είναι η επιστράτευση του κεντρικού χρηματοπιστωτικού συστήματος (βλέπε Ευρωπαική Κεντρική Τράπεζα- ΕΚΤ) σε επίσημο πιστωτή των κρατών, με το πρόσχημα να αποκτούν ευκολότερη πρόσβαση στις αγορές.

Πρέπει να σημειωθεί ότι ο ρόλος της ΕΚΤ είναι η διαχείριση του ευρώ, έτσι ώστε να διατηρούνται σταθερές οι τιμές της οικονομικής και νομισματικής πολιτικής της ΕΕ, στηρίζοντας την οικονομική ανάπτυξη και τη δημιουργία θέσεων εργασίας.

Κανένας τέτοιος ρόλος όμως δεν φαίνεται να ασκείται από την ΕΚΤ , καθώς το σημερινό αποτέλεσμα είναι ένα ευρώ τριών ταχυτήτων μέσα στους κόλπους της Ευρωπαικής Ένωσης, που έχει οδηγήσει σε ανεργία, και μεγεθυντική ανάπτυξη όχι πραγματική που ενισχύει την ευημερία των λαών.

Αντί λοιπόν να αγωνίζεται για την ευρωστία των λαών της Ευρωπαικής Ένωσης στο σύνολό τους, η ΕΚΤ αγωνίζεται με κάθε τρόπο θεμιτό ή αθέμιτο για τη ευρωστία του Ευρωπαικού Τραπεζικού Συστήματος , που όμως το διαχειρίζονται ιδιωτικά κεφάλαια και κερδίζουν τα ιδιωτικά κεφάλαια και όχι οι λαοί που συνδράμουν στο οικοδόμημα της Ένωσης. Ένας από τους κυρίαρχους λόγους που αποχώρησε η Μ. Βρετανία.

Η τέταρτη κίνηση είναι η απελευθέρωση των αγορών, μέσω του πολυεθνικού κεφαλαίου. Οι ισχυρότερες χώρες κατακλύζουν με προιόντα και υπηρεσίες τις ασθενέστερες αναγκάζοντας τες να τα αφομοιώσουν, με το status του τιμολογιακού ανταγωνισμού.

Η βίαιη ανατροπή στο λιανεμπόριο των εγχώριων επιχειρήσεων ή αλυσίδων έφερε την μετατόπιση του καταναλωτικού κοινού προς τις πολυεθνικές επιχειρήσεις με τις «αγοραίες» τιμολογήσεις των προιόντων και την ανάγκη του ακριβού δανεισμού στις εγχώριες προκειμένου να ανταπεξέλθουν στον ανταγωνισμό, σε αναντιστοιχία με την φθηνή και άφθονη χρηματοδότηση των πολυεθνικών.

Όλα αυτά οδηγούν στον ιδρυματισμό, όχι μόνο της οικονομίας, αλλά και των κοινωνιών που εντάσσονται στο πλαίσιο της Ευρωπαικής «ειρήνης».

Η οικονομία δεν θεραπεύει αλλά διατηρεί τις αναπηρίες της στις ασθενέστερες χώρες, ενώ οι κοινωνίες αποκτούν το σύνδρομο του εγκλεισμού σε προστατευτικές φυλακές πολιτικής χειραγώγησης.

Και αν αυτοί δεν είναι λόγοι για να κάνει μια χώρα την ανατροπή και να διεκδικήσει την ανεξαρτησία της τότε ποιοι άλλοι μπορεί να είναι...

ΑΡΘΡΟ 11⁰

Η ΜΙΚΡΟΜΕΓΑΛΗ ΤΟΥΡΚΙΑ

Η ένταση μεταξύ Ελλάδας -Τουρκίας δεν μπορεί να προκαλέσει καμιά αποσταθεροποίηση στην Ανατολική Μεσόγειο.

Κι αυτό γιατί :

1)η Ρωσία αποτελεί τοποτηρητή της περιοχής, καθώς είναι του άμεσου ενδιαφέροντος της.

2) Μια ενδονατοϊκή σύγκρουση, θα διέλυε τη συνοχή της Συμμαχίας. Η ήδη μειωμένη αξιοπιστία του ΝΑΤΟ, όπως έχει επισημάνει και ο νέος πρόεδρος των ΗΠΑ δεν θα αντέξει περαιτέρω δοκιμασίες που δεν θα επιτρέψουν τον επαναπροσδιορισμό της στα πράγματα, προς όφελος των ΗΠΑ.

3)Και ας μην ξεχνάμε, ότι ο στόχος και για τις δύο μεγάλες δυνάμεις Ρωσία- ΗΠΑ αλλά και για την Τουρκία είναι πάντα ο υποθαλάσσιος πλούτος σε πετρέλαιο και φυσικό αέριο που αφορά τον άξονα Ελλάδα – Κύπρο – Ισραήλ- Αίγυπτο. Μια επίθεση στην Ελλάδα ή την Κύπρο σημαίνει και επίθεση εναντίον του Ισραήλ και της Αιγύπτου. Οποιαδήποτε πολεμική σύρραξη λοιπόν δεν εξυπηρετεί ΚΑΝΕΝΑΝ.

4) Η αντιπαλότητα της Τουρκίας με το Ισραήλ, σε αντιδιαστολή με την δυνατή σχέση κοινών συμφερόντων βασισμένη επάνω στο ενιαίο γεωενεργειακό χώρο που έχει δημιουργηθεί μεταξύ Κύπρου και Ισραήλ, παροπλίζει την Τουρκία, αφήνοντας περιθώρια μόνο για «γαυγίσματα που δεν δαγκώνουν».

5) Το στρατιωτικό καθεστώς της Αιγύπτου είναι έντονα αντιτουρκικό, υποστηρίζεται από τη Ρωσία, αλλά και τις ΗΠΑ, ενώ έχει αναπτύξει σχέσεις συμμαχίας με Κύπρο-Ελλάδα-Ισραήλ. Και αυτή η συμμαχία στοχεύει στην υπεράσπιση κοινών ενεργειακών συμφερόντων.

6)Ελλάδα και Κύπρος αποτελούν την ενεργειακή ασφάλεια της Ευρώπης. Μια πολεμική σύγκρουση με τις χώρες αυτές λοιπόν θα κατέληγε και σε Ευρωτουρκική σύγκρουση.

Το σενάριο λοιπόν, όλοι αυτοί να επιτρέψουν στην Τουρκία οποιαδήποτε πολεμική άσκηση, πέρα από το μυαλό κάποιων φανατικών και της πολιτικής καμπάνιας του Ερντογάν που αφορά την προώθηση του ΝΑΙ στο δημοψήφισμα της συνταγματικής αναθεώρησης, αποτελούν ένα πολύ τολμηρό σενάριο ακόμη και για τις πλέον πειστικές ιστορίες συνομωσίας.

Έτσι λοιπόν, η «σχιζοφρενική σταθερότητα» στην περιοχή αποτελεί συνθήκη, που αν παραβιαστεί ο τεμαχισμός της Τουρκίας θα γίνει σε μικρότερο χρόνο από τον προβλεπόμενο…

Οι σημερινές τουρκικές προκλήσεις δεν αποτελούν παρά ένα show off , μέρος της επικοινωνιακής στρατηγικής του Ερντογάν, όχι απέναντι στους Έλληνες, αλλά απέναντι στο ίδιο τον τουρκικό λαό.

Και αυτό γιατί οδεύουμε προς το δημοψήφισμα, συγκεκριμένα στις 16 του Απρίλη για την επικύρωση των υπερεξουσιών του Ρετζέπ Ταγίπ Ερντογάν, μέσω της αναθεώρησης του Συντάγματος της Τουρκίας, κάτι που εγκρίθηκε μεν από την Τουρκική Εθνοσυνέλευση στα τέλη Ιανουαρίου, αλλά με ισχυρή δυσανασχέτηση δε από μέρους των υπόλοιπων δυνάμεων.

Η συνταγματική αναθεώρηση δημιουργεί τις προοπτικές **να παραμείνει ο Ερντογάν στην εξουσία μέχρι το 2029, καθώς και** την **μεταφορά στον πρόεδρο της χώρας όλων των εκτελεστικών εξουσιών που ανήκουν μέχρι σήμερα στον πρωθυπουργό**, όπως είναι ο διορισμός υπουργών, η κήρυξη καταστάσεων έκτακτης ανάγκης, η έκδοση διαταγμάτων και η διάλυση της Εθνοσυνέλευσης.

Ο Ερντογάν όμως φαίνεται να μην είναι και τόσο σίγουρος για το αποτέλεσμα του δημοψηφίσματος και ενισχύει τη στρατηγική του με την γνωστή μέθοδο, την πεπατημένη για την Τουρκία, που βρίσκει έδαφος σε κάθε μισαλλόδοξο ψηφοφόρο της μάζας.

Τη συστηματική πολιτική αμφισβητήσεων και διεκδικήσεων σε βάρος της κυριαρχίας και των κυριαρχικών δικαιωμάτων της Ελλάδας :

• αμφισβήτηση του νομίμου και κυριαρχικού δικαιώματος της Ελλάδας, με απειλή πολέμου (casus belli), εάν επεκτείνει την αιγιαλίτιδα ζώνη της μέχρι τα 12 ναυτικά μίλια, όπως προβλέπει το Δίκαιο της Θάλασσας και όπως έχει πράξει το σύνολο σχεδόν των παράκτιων κρατών της διεθνούς κοινότητας,
• αμφισβήτηση του εύρους του ελληνικού εθνικού εναέριου χώρου, μέσω συνεχών παραβιάσεών του από τουρκικά μαχητικά αεροσκάφη,
• αμφισβήτηση της ελληνικής κυριαρχίας επί νησιών και παραβίασή της ακόμα και στην περίπτωση κατοικημένων περιοχών,
• αμφισβήτηση των θαλάσσιων συνόρων,
• αμφισβήτηση των αρμοδιοτήτων εντός του FIR Αθηνών που ασκεί η Ελλάδα βάσει αποφάσεων του ICAO, και η συνεχής άρνηση συμμόρφωσης της Τουρκίας προς τους κανόνες εναέριας κυκλοφορίας,
• αμφισβήτηση των αρμοδιοτήτων της Ελλάδας εντός της περιοχής ευθύνης της για θέματα έρευνας και διάσωσης,
• απαίτηση της Τουρκίας για αποστρατιωτικοποίηση των νησιών του Ανατολικού Αιγαίου,

προκειμένου να μεταβληθεί το εδαφικό status quo, που προβλέπεται σε διεθνείς συνθήκες, με κεντρικό άξονα τη Συνθήκη Ειρήνης της Λωζάννης, καθώς και του νομικού καθεστώτος στον θαλάσσιο και εναέριο χώρο που πηγάζει από το διεθνές δίκαιο και δη το δίκαιο της θάλασσας (UNCLOS).

ΟΛΑ ΑΥΤΑ ΔΕΝ ΑΠΟΤΕΛΟΥΝ ΠΑΡΑ ΜΙΑ «ΠΟΛΕΜΙΚΗ ΣΑΠΟΥΝΟΠΕΡΑ», ΕΚΦΟΒΙΣΜΟΥ ΓΙΑ ΤΟΥΣ ΕΛΛΗΝΕΣ ΚΑΙ ΕΝΤΥΠΩΣΙΑΣΜΟΥ ΓΙΑ ΤΟΥΣ ΤΟΥΡΚΟΥΣ ΨΗΦΟΦΟΡΟΥΣ.

Ο ΣΤΟΧΟΣ : ΝΑ ΒΑΛΕΙ ΧΕΡΙ ΣΤΟΝ ΠΛΟΥΤΟ ΠΟΥ ΑΝΗΚΕΙ ΣΤΗΝ ΕΛΛΑΔΑ, ΚΑΝΟΝΤΑΣ ΤΟΥΣ ΤΟΥΡΚΟΥΣ ΝΑ ΠΙΣΤΕΨΟΥΝ ΠΩΣ ΕΙΝΑΙ ΤΟΣΟ «ΙΣΧΥΡΟΣ», ΠΟΥ ΜΠΟΡΕΙ ΝΑ ΚΛΕΒΕΙ ΑΠΟ ΑΛΛΟΥΣ ΛΑΟΥΣ...

Δικαίωμα των Τούρκων να απαντήσουν ΝΑΙ στο δημοψήφισμα που δημιουργεί Τυράννους...

Δικαίωμα των Τούρκων να κάνουν πως δεν βλέπουν το δίκαιο απέναντι στους άλλους λαούς...

Πώς πρέπει να απαντήσει η Ελλάδα;

Η μόνη διαφορά που εκκρεμεί να επιλύσει είναι η οριοθέτηση της υφαλοκρηπίδας, σύμφωνα με τους κανόνες του διεθνούς δικαίου και, ειδικότερα, με το δίκαιο της θάλασσας.

ΚΑΜΙΑ ΑΛΛΗ ΔΙΑΦΟΡΑ, ΚΑΘΩΣ ΚΑΘΟΡΙΖΟΝΤΑΙ ΟΛΕΣ ΑΠΟ ΤΗΝ ΣΥΝΘΗΚΗ ΤΗΣ ΛΩΖΑΝΝΗΣ ΚΑΙ ΤΟΥ ΔΙΕΘΝΟΥΣ ΔΙΚΑΙΟΥ.

ΚΑΜΙΑ ΠΑΡΑΧΩΡΗΣΗ ΠΟΥΘΕΝΑ.

ΜΕ ΕΙΡΗΝΙΚΟ ΤΡΟΠΟ ΟΦΕΙΛΕΙ ΝΑ ΟΡΙΟΘΕΤΗΣΕΙ ΤΗΝ ΑΟΖ ΤΗΣ (ΑΠΟΚΛΕΙΣΤΙΚΗ ΟΙΚΟΝΟΜΙΚΗ ΖΩΝΗ) , ΚΑΘΩΣ ΑΠΟΤΕΛΕΙ ΚΥΡΙΑΡΧΙΚΟ ΤΗΣ ΔΙΚΑΙΩΜΑ ΚΑΙ ΝΑ ΘΥΜΙΣΕΙ ΣΕ ΤΟΥΡΚΟΥΣ ΚΑΙ ΜΗ ΣΕ ΠΟΙΟΝ ΑΝΗΚΕΙ Ο ΠΛΟΥΤΟΣ ΠΟΥ ΑΥΤΗ ΠΡΟΣΔΙΟΡΙΖΕΙ...

Γιατί για αυτόν τον πλούτο γίνονται όλα. Από όλους. Για όλους. Εκτός από τους Έλληνες...

ΑΡΘΡΟ 12°

ΣΟΒΑΡΕΣ ΠΙΘΑΝΟΤΗΤΕΣ ΕΞΟΔΟΥ ΑΠΟ ΤΟ ΕΥΡΩ

Σοβαρές πιθανότητες εξόδου από το ευρώ αντιμετωπίζουν τρεις χώρες με βάση την διαμόρφωση των νέων πολιτικών δεδομένων.

Κόμματα με ισχυρό εθνικά χαρακτήρα εμφανίζονται δυνητικά προς την εξουσία, αποδυναμώνοντας κάθε στήριξη ως προς τη συμμετοχή στη ευρωζώνη.

Η αποχώρηση μιας χώρας από την ευρωζώνη και επαναφορά του νομίσματός της, είναι λάθος να σχετίζεται με πιθανή χρεωκοπία, καθώς η χρεωκοπία είναι ήδη γεγονός για κάποιους, όπως επίσης και η παραχώρηση εθνικής κυριαρχίας που κανείς δεν γνωρίζει που καταλήγει , μέσα από τους no name υπαλλήλους της Ευρωπαικής διοίκησης, που αποδεικνύονται ισχυρότεροι από τα όποια κοινοβούλια χωρών.

Το ενιαίο νόμισμα είναι πολιτικό δημιούργημα, που οφείλει να βασίζεται στη συνεχή λαϊκή στήριξη από τα κράτη-μέλη. Όποια απόδειξη πως η λαική στήριξη δεν υπάρχει ή είναι πολύ περιορισμένη, κλονίζει το θεωρητικό αυτό οικοδόμημα, δημιουργώντας συνολικά υπαρξιακό πρόβλημα σε ολόκληρη την Ευρωπαική Ένωση.

Η έλλειψη της λαικής στήριξης όμως, καθίσταται ως αντίδραση απέναντι στην αναποτελεσματικότητα του ευρώ να ενώσει τις οικονομίες με δημοκρατική διαχείριση.

Η αδυναμία διαχείρισης των χρεών των κρατών μέσω του ευρώ, η ανυπαρξία πραγματιστικών στόχων στην ευρωπαικη κεντρική τράπεζα και η πολιτική αδιαλλαξία στην λιτότητα, έχει δημιουργήσει την ανάγκη για αυτοδιαχείριση πλέον των οικονομικών πόρων των κρατών-μελών.

Από την άλλη, η ασυδοσία στις αγορές, στις σχέσεις εισαγωγών και εξαγωγών μεταξύ των κρατών μελών της Ευρωπαικής Ένωσης, στη βάση ενός σκληρού νομίσματος όπως είναι το ευρώ, έχουν δημιουργήσει τεράστιες ανισορροπίες στην παραγωγή και την βιομηχανία των κρατών μελών. Ενώ σε κάποιες από αυτές ,όπως στην Ελλάδα, τελούν υπό εξαφάνιση.

Και ενώ υπάρχει ακόμη αυτή η τάση από κάποιους στην εξάρτηση από το ευρώ, κανείς δεν μπαίνει στον κόπο να εξηγήσει ποια είναι τελικά τα πλεονεκτήματα του ευρώ. Όχι όμως γενικά και αόριστα , αλλά πώς συγκεκριμένα το ευρώ μπορεί να στηρίξει τις οικονομίες των κρατών- μελών χωρίς είναι δέσμιοι του δανεισμού.

Πώς μπορεί το ευρώ να βοηθήσει στην ανάπτυξη της παραγωγής των ασθενέστερων οικονομικά χωρών , καθώς και στην απεμπλοκή τους από την φτώχεια όχι μέσω της αλληλεγγύης που επιτάσσει η «ελεημοσύνη», αλλά της δίκαιης αλληλεγγύης που είναι η ανακατανομή των πλεονασμάτων των ισχυρότερων οικονομικά χωρών που έχουν χτίσει τις οικονομίες τους πάνω στις εξαγωγές τους στις ασθενέστερες.

Η σοβαρότητα της κρίσης στην Ευρωζώνη και οι φόβοι, όσον αφορά τη μετανάστευση, την παγκοσμιοποίηση και την κοινωνική αλλαγή, έχει να κάνει με την αδυναμία των εθνικών αρχών να διακηρύξουν ότι ΤΟ ΝΟΜΙΣΜΑ ΦΤΑΙΕΙ ΤΕΛΙΚΑ, καθώς οι χώρες που εφάρμοσαν μεταρρυθμίσεις εξαρτώνται άμεσα από την μη ευέλικτη συναλλαγματική ισοτιμία, για να επιτύχουν βιώσιμη ανάπτυξη.

Αναγκαστική η προσγείωση λοιπόν στην αυτοδιαχείριση και την ανάδειξη της εθνικής ταυτότητας ως μέσο προστασίας της εθνικής και ιδιωτικής περιουσίας των κρατών.

Γαλλία:

Αν η Μαρίν Λεπέν κερδίσει τις προεδρικές εκλογές, θα προκηρύξει δημοψήφισμα για την έξοδο της χώρας από το ευρώ. Η εγκατάλειψη του ευρώ από τη Γαλλία θα επηρεάσει και άλλες χώρες, με αποτέλεσμα να μείνει μόνο ένας πυρήνας βορειοευρωπαϊκών κρατών.

Ιταλία

Αν τις επόμενες πρόωρες εκλογές κερδίσει το Κίνημα Πέντε Αστέρων του Beppe Grillo και σχηματίζει κυβέρνηση συνασπισμού με την ακροδεξιά Λέγκα του Βορρά, θα προκηρύξουν δημοψήφισμα με στόχο την επαναφορά της ιταλικής λίρας. Θα κρατικοποιήσουν τις τράπεζες και η Ιταλία θα εγκαταλείψει και αυτή την Ευρωζώνη.

Ελλάδα

Είτε προκηρύξει η Ελληνική κυβέρνηση πρόωρες εκλογές, είτε όχι, η Ελλάδα θα αναγκαστεί να φύγει από την Ευρωζώνη , καθώς η χώρα είναι ήδη χρεωκοπημένη οικονομικά και οδεύει να χρεωκοπήσει και κοινωνικά με τις δημοσιονομικές μεταρρυθμίσεις που συνεχίζονται να εφαρμόζονται. Φως στον ορίζοντα δεν υπάρχει πουθενά για ανάκαμψη της οικονομίας της. Το μόνο που υπάρχει είναι η διατήρηση του άρρωστου στην εντατική μονάδα σε κώμα για αόριστο χρόνο, μέσω της μορφινομανίας του δανεισμού.

Ας βγάλει τα σωληνάκια… Τουλάχιστον να ξαναγεννηθεί!

ΑΡΘΡΟ 13°

ΤΖΩΝ ΜΕΫΝΑΡΝΤ ΚΕΫΝΣ

Τζων Μέυναρντ Κέυνς -πρώτος βαρώνος Κέυνς του Τίλτον -John Maynard Keynes, 5 Ιουνίου 1883 – 21 Απριλίου 1946. Ήταν Άγγλος οικονομολόγος, μαθηματικός, καθηγητής πανεπιστημίου, συγγραφέας και ανώτατος κρατικός υπάλληλος. Δημιούργησε, με τα έργα του και τους οπαδούς του, τη λεγόμενη Κεϋνσιανή σχολή στην οικονομική επιστήμη. Ο Κέυνς όπως αποδεικνύεται και στους σύγχρονους καιρούς ήταν ο πιο σημαντικός οικονομολόγος του 20ού αιώνα. Από τον Κέυνς έχει πάρει το όνομά της η Κεϋνσιανή ρύθμιση, η αναδιανομή δηλαδή μέρους των κερδών του κεφαλαίου. Ρύθμιση που κάνει το κεφάλαιο χρήσιμο για τις κοινωνίες στις οποίες αναπτύσσεται και δη υγιές. Ο Κέυνς πρότεινε την άνοδο των δημοσίων δαπανών σε περιόδους κρίσεων για να καλύψουν επιδόματα ανεργίας με στόχο την επανόρθωση της κοινωνικής ισορροπίας. Η αύξηση της φορολογίας σε περιόδους κρίσης είναι απαγορευτική για τον Κευνς, ο οποίος θεωρεί ότι τα ελλείμματα πρέπει να χρηματοδοτούνται από πλεονάσματα στις καλύτερες εποχές. Οικονομικές αξίες που φαίνεται να έχει ξεχάσει το σημερινό πολιτικό σύστημα, καθώς είναι δεμένο στη θέση εξουσίας του μη υγιές κεφαλαίου. «Καπιταλισμός είναι η εκπληκτική πεποίθηση ότι οι κακοηθέστεροι των ανθρώπων θα κάνουν τα πιο πονηρά πράγματα για το μέγιστο καλό του συνόλου των συνανθρώπων τους».

ΑΡΘΡΟ 14⁰

ΟΙ ΧΡΗΜΑΤΟΠΙΣΤΩΤΙΚΟΙ ΟΡΓΑΝΙΣΜΟΙ , Η ΕΕ , ΤΟ ΔΝΤ ΚΑΙ Η ΠΑΓΚΟΣΜΙΑ ΤΡΑΠΕΖΑ ΔΕΝ ΕΙΝΑΙ ΥΠΕΡΑΝΩ ΤΩΝ ΑΝΘΡΩΠΙΝΩΝ ΔΙΚΑΙΩΜΑΤΩΝ

Οι επιπτώσεις των κρίσεων χρέους στα ανθρώπινα δικαιώματα, σύμφωνα με έρευνα του ΟΗΕ τον Ιούνιο 2016, είναι δραματικές.

Η μαζική καταπάτηση των ανθρωπίνων δικαιωμάτων στην Ελλάδα, στο πλαίσιο της εφαρμογής των προγραμμάτων δημοσιονομικής προσαρμογής, αποδείχτηκε καταστροφική για την χώρα , καθώς δημιουργήθηκε ένα καινούργιο ταξικό πλαίσιο με βασική αναφορά τη φτώχεια.

Η διαβάθμιση πλέον των τάξεων γίνεται με βάση τους περισσότερο και λιγότερο φτωχούς.

Αυτό δεν συνιστά μια υγιή Δημοκρατία, αλλά ελεγχόμενη από τις κεφαλαιοκρατικές και γραφειοκρατικές επιθέσεις του ίδιου του ανθρώπου , που ασκεί την εξουσία σε βάρος των άλλων.

Οι δηλώσεις των εκπροσώπων της ΕΕ, που επισκέπτονται κατά καιρούς την Ελλάδα (βλέπε Ζαν Κλοντ Γιούνκερ), σχετικά με την συμπαράσταση στην οικονομική ανέχεια που αντιμετωπίζει ο Ελληνικός λαός, είναι δυσανάλογες με τα δημοσιονομικά μέτρα που πρακτικά ασκούνται και υπονομεύουν ουσιαστικά την οικονομική σταθερότητα της χώρας και την κοινωνική συνοχή.

Και όλα ξεκινούν από την ιδεολογική παλινδρόμηση, σχετικά με το τι είναι τα ανθρώπινα δικαιώματα και πως αυτά εξυπηρετούνται.

Δεν υπάρχει αφηρημένη πολιτική και οικονομική ισότητα, δεν υπάρχουν αφηρημένα ανθρώπινα δικαιώματα , υπάρχει έλλειμμα της Δημοκρατίας.

Δεν είναι συμβατό οι άνθρωποι να μην έχουν τη δυνατότητα να αγοράσουν φαγητό, να χάνουν την πρόσβαση στην βασική ιατροφαρμακευτική περίθαλψη ή να μη μπορούν να στεγάσουν την οικογένεια τους.

Η ευθύνη για το σεβασμό των ανθρωπίνων δικαιωμάτων στο πλαίσιο των προγραμμάτων προσαρμογής είναι κοινή, τόσο για τους πιστωτικούς οργανισμούς, όσο και για τα κράτη-μέλη που καταρτίζουν αυτά τα προγράμματα ασκώντας διοίκηση στην ΕΕ, για το σύνολο των κρατών μελών της ΕΕ που επιτρέπουν την εφαρμογή τους, για το ΔΝΤ και την Παγκόσμια Τράπεζα, καθώς κανείς τους δεν είναι υπεράνω της Διεθνούς Νομοθεσίας για τα Ανθρώπινα Δικαιώματα.

Η ελάφρυνση του χρέους θα έπρεπε να αποτελεί βασική προυπόθεση , ενταγμένη σε αυτή τη λογική, καθώς το δυσβάστακτο χρέος της Ελλάδας δεν οδηγεί στην ανάπτυξη, αλλά στην καταβαράθρωση της Οικονομίας και της Δημοκρατίας.

Σύμφωνα με την έρευνα, οι συνεχείς περικοπές σε μισθούς και συνάξεις , η συντριβή της εγχώριας επιχειρηματικότητας, οδηγούν σε βραχυπρόθεσμη και μακροπρόθεσμη καταπάτηση των ανθρωπίνων δικαιωμάτων.

Πότε διενεργήθηκε αξιολόγηση των κοινωνικών επιπτώσεων των μνημονίων από πλευράς της ΕΕ, που εκτός των άλλων αποτελεί και διεθνή υποχρέωση της για τα ανθρώπινα δικαιώματα;   ΠΟΤΕ...

Γνωρίζοντας, ότι σύμφωνα με σοβαρές αναλύσεις διεθνών οργανισμών, το Ελληνικό δημόσιο χρέος είναι μη βιώσιμο. Γεγονός που οδηγεί μοιραία στην εξαθλίωση και στην καταπάτηση των βασικών ανθρώπινων δικαιωμάτων των Ελλήνων.

Και αυτό γιατί οι πιστωτές , που δεν είναι τίποτα άλλο από στυγνοί τοκογλύφοι και οι παρατρεχάμενοι γραφειοκράτες τους , στην λαγνεία τους να δανείζουν για να υποθηκεύουν, αποτελούν τροχοπέδη για τέτοιου είδους έρευνες.

Που κρύβεται η επιστημονική αλήθεια και ποιες αρχές της οικονομίας παραβιάζονται προκειμένου να στήνεται διαδραστικά αυτό το παιχνίδι της συμφοράς;

Ποια θα έπρεπε να είναι η πραγματική μέτρηση του χρέους και σύμφωνα με ποια κριτήρια;

Μήπως εκτός από την παρούσα αξία του (ύψος του χρέους , επιτόκια και διάρκεια πληρωμής) θα έπρεπε να προσμετρούνται και άλλες μεταβλητές, όπως η δυνατότητα αποπληρωμής του;

Αυτή τη τεχνική που προτείνω συνιστά αυτόματη μείωση του «αδύναμου» χρέους (αυτό που δεν μπορεί να αποπληρωθεί σε συνθήκες βιωσιμότητας του λαού που το αποληρώνει), μέσα από το ίδιο το μοντέλο.

Το μέγεθος δηλαδή του χρέους θα ορίζεται με βάση της εφικτότητα αποπληρωμής του.

Μήπως αυτή η προσέγγιση θα πρέπει να αποτελέσει   την καινοτομία στον υπολογισμό του μοντέλου , καθώς κρίνει προσαρμοσμένα στους καιρούς που διανύουμε;

Έτσι ώστε να διορθωθούν οι κακές πειραματικές δανεισμού, επάνω στην πλάτη των κρατών μελών.

Αλλιώς, εάν δεν υπάρξει δηλαδή αλλαγή πλεύσης σε αυτούς τους υπολογισμούς, θα πρέπει να αναζητηθούν ευθύνες πολιτικής εγκληματικότητας, καθώς το ΠΟΛΙΤΙΚΟ ΕΓΚΛΗΜΑ προσχεδιάζει την κατάρρευση του ανθρώπου.

Όσο για τους «εναλλακτικούς» τρόπους προσέγγισης, όπου η καθαρή αξία του χρέους συμψηφίζεται με τα περιουσιακά στοιχεία του οφειλέτη , έθνους ή πολίτη, και έτσι το χρέος κρίνεται βιώσιμο, ένα έχω να πω : Η ΑΛΗΤΕΙΑ ΤΗΣ «ΟΙΚΟΝΟΜΙΚΗΣ ΟΡΓΑΝΩΣΗΣ» ΒΛΑΠΤΕΙ ΣΟΒΑΡΑ ΤΗ ΔΗΜΟΚΡΑΤΙΑ...

Πόσο αυτοκαταστροφικό για την ίδια την Ευρωπαϊκή Ένωση , που θα γυρεύει τα κομμάτια της σε λίγο...

Γιατί σημαντική δεν είναι η βιωσιμότητα του κάθε χρέους μεμονωμένα , αλλά των οικονομιών που συναποτελούν αυτό το θεσμό και η βιωσιμότητα του ίδιου του θεσμού κατ΄επέκταση.

Πάντα επίκαιρος ο Νίτσε γράφει: « Η αδιαφορία για τον εργάτη σαν ολάκερο άνθρωπο , η εκμετάλλευση του εργάτη, είναι μια κλοπή εις βάρος του Μέλλοντος , ένας κίνδυνος για την κοινωνία».

Εξαιτίας αυτή της αδιαφορίας και εκμετάλλευσης του ανθρώπου αλλοιώνονται οι Δημοκρατίες...

Το θέμα της βιωσιμότητας του χρέους είναι ΕΘΝΙΚΟ. Και θα πρέπει ο λαός να αποφασίσει αν θα συνεχίσει να υποθάλπει τις τακτικές που το απαιτούν βιώσιμο, με όλες τις συνέπειες που έχει αυτό επάνω στην βιωσιμότητα το ίδιου του Έλληνα και της περιουσίας του ατομικής και εθνικής.

Και όταν τα θέματα καθίστανται εθνικά, οι ρήξεις είναι αναπόφευκτες. Και το συμπαθητικό χτύπημα κατανόησης στην πλάτη δεν αποτελεί τίποτα άλλο παρά χειραγώγηση της ίδια της Δημοκρατίας.

Η έξοδος στις αγορές και η ρευστότητα των τραπεζών δεν διαμορφώνουν το οικονομικό και επιχειρηματικό κλίμα, δεν θεραπεύουν την ανθρώπινη εξαθλίωση ΔΕΝ ΥΠΟΚΑΘΙΣΤΟΥΝ ΤΑ ΑΝΘΡΩΠΙΝΑ ΔΙΚΑΙΩΜΑΤΑ...

ΝΙΚΗΤΗΣ Η ΑΝΤΙΣΥΣΤΗΜΙΚΗ ΨΗΦΟΣ ΣΤΗΝ ΓΑΛΛΙΑ

Ο μεγάλος κερδισμένος των εκλογών στην Γαλλία είναι η αντισυστημική ψήφος, που καταγράφηκε μέσω της εισροής ψήφων στην Μαρίν Λεπέν, η οποία πέρασε μετά από αναμέτρηση με τόσους υποψήφιους στον δεύτερο γύρο των Προεδρικών Εκλογών στη Γαλλία.

Η οριακή προπόρευση του Μακρόν, για την οποία διόλου σίγουρη δεν είμαι αν προήλθε ανόθευτα, προκειμένου να μην δημιουργήσει ρεύμα δυνητικής νίκης για τη Λεπέν στο δεύτερο γύρο, δεν μπορεί να σκιάσει το ότι οι Γαλλικός λαός θέλει να ξεφύγει από την κηδεμονία της Ευρωπαικής Ένωσης , αντιλαμβανόμενος λόγω της δημοκρατικής του ιστορίας το παιχνίδι που παίζεται επάνω στην πλάτη του.

Αυτό καταγράφηκε εξάλλου περίτρανα από τις αιματηρές διαδηλώσεις και εξεγέρσεις, που πολύ λίγο προβλήθηκαν από τα media, προκειμένου να μην μεταφερθεί αυτή η εικόνα σε ολόκληρο τον κόσμο, σχετικά με την εργασιακή μεταρρύθμιση, η οποία ΠΕΡΑΣΕ ΜΕ ΠΡΟΕΔΡΙΚΟ ΔΙΑΤΑΓΜΑ ΚΑΙ ΟΧΙ ΑΠΟ ΤΗΝ ΓΑΛΛΙΚΗ ΒΟΥΛΗ.

Γεγονός που σημαίνει ότι αγνοήθηκε η Αντιπροσωπευτική Δημοκρατία από την ίδια τη σοσιαλιστική της κυβέρνηση , που υποτίθεται εκπροσωπούσε τα δικαιώματα του λαού περισσότερο από κάθε άλλη ιδεολογική κλίση.

Με λίγα λόγια καταστρατηγήθηκαν τα πάντα. Λεηλατήθηκαν τα πάντα. Ο λαός δεν έχει που να στραφεί προκειμένου να ακουστεί.

Και η Ευρωπαική Ένωση επιμένει, καθώς η Γαλλία αποτελεί το βασικό σύμμαχο της Γερμανίας στην φιλολιτοτική πολιτική και ένα FREXIT θα της στοίχιζε την άμεση διάλυση και τον ξεπεσμό της Γερμανίας και των πολυεθνικών συμφερόντων.

Ουσιαστικά τι κάνει, κερδίζει χρόνο, μήπως καταφέρει να αναστρέψει το κλίμα με ατάκες του τύπου : «...εμείς οι πατριώτες...» , «...επανίδρυση της Ευρωπαικής Ένωσης...» , που αποπειράθηκε να χρησιμοποιήσει ο Μακρόν, μετά το πέρας του πρώτου γύρου, σαν γνήσιο παιδί του συστήματος που χρησιμοποιηθεί αθέμιτα επικοινωνιακά τεχνάσματα (ρητορείες που δεν εννοεί), προκειμένου να κρατήσει το σύστημα στην εξουσία.

Τίποτα από αυτά δεν πρόκειται να γίνει όμως.

Και η διάλυση θα έρθει απλά με πιο αργό ρυθμό...

Κανείς δεν αμφισβητεί βέβαια την εκλογή του Μακρόν στο δεύτερο γύρο, καθώς το σύστημα δημιούργησε πολλές εφεδρείες που κατέβασε και στον πρώτο γύρο, προκειμένου να μην πέσει η Προεδρία στα χέρια της Λεπέν.

Όλοι αυτοί ήδη, μετά τον πρώτο γύρο έδειξαν ξεκάθαρα στους ψηφοφόρους τους τον Μακρόν, ανεξάρτητα αν συμπίπτουν ιδεολογικά ή όχι, ανεξάρτητα αν η Γαλλία περνάει μια από τις δυσκολότερες περιόδους στην ιστορία της.

Το ζητούμενο για το σύστημα είναι να μην ξεφύγει από τον έλεγχο της νεοφιλελεύθερης πολιτικής.

Δε υπάρχουν πολλά περιθώρια όμως. Η πολιτική που θα ασκηθεί από τον νεοφιλεύθερο Μακρόν ουδεμία αλλαγή θα επιφέρει και υπάρχει σοβαρό ενδεχόμενο η Γαλλία να περάσει σε φάση ολικής αποσταθεροποίησης, που όλοι γνωρίζουμε που μπορεί να καταλήξει...

Όσα τρομοκρατικά χτυπήματα κι αν άφησαν να συμβούν, που ισοδυναμούν με προβοκάτσια, καθώς δεν δικαιολογείται μια υπερδύναμη σαν τη Γαλλία να μην μπορεί να ελέγξει τα τρομοκρατικά χτυπήματα μέσω των μυστικών της υπηρεσιών, προκειμένου να εκφοβίσουν τον κόσμο και να ψηφίσει παραδοσιακά –σύμφωνα με την ψυχολογία της μάζας- υπήρξαν πολλοί τολμηροί που ακόμη κι αν δεν ενστερνίζονται την ιδεολογική φορά της Μαρίν Λεπέν, ψήφισαν εκεί για να κάνουν την ανατροπή.

Μετά από συνολικά τόσες απογοητεύσεις στα πρόσωπα των ηγετών της και της Ευρωπαικής Ένωσης, κανείς δεν γνωρίζει τι επιφυλάσσει το μέλλον όταν τα πραγματικά προβλήματα δεν βρίσκονται στην ατζέντα των προεκλογικών αναμετρήσεων , όπως θα έπρεπε.

Η σκληρή παγκοσμιοποίηση θα δοκιμάσει τη χώρα σε όλα τα επίπεδα και η Λεπέν θα αποτελέσει σκληρή αντιπολίτευση, που θα θυμίζει διαρκώς τις συνέπειες της ολοκληρωτικής απορρύθμισης, του άνισου διεθνή ανταγωνισμού, τα εκτεθειμένα σύνορα...

ΑΡΘΡΟ 16⁰

ΕΛΛΗΝΙΚΕΣ ΑΝΤΙΦΑΣΕΙΣ : ΑΝΑΠΤΥΞΗ VS ΚΑΘΕΣΤΩΣ ΔΙΕΘΝΟΥΣ ΕΠΟΠΤΕΙΑΣ

Το εμπορικό έλλειμμα διευρύνθηκε επικίνδυνα εκ νέου τον Μάρτιο, αγνοώντας την όποια ανάκαμψη των εξαγωγών.

Και αυτό γιατί;

Γιατί πολύ απλά, η αύξηση των εισαγωγών είναι συντριπτική έναντι των εξαγωγών.

Σύμφωνα με έκθεση του Πανελληνίου Συνδέσμου Εξαγωγέων και του Κέντρου Εξαγωγικών Ερευνών και Μελετών (ΚΕΕΜ), που επεξεργάστηκε τα στοιχεία της ΕΛΣΤΑΤ, οι εισαγωγές συνολικά τον Μάρτιο του 2017 ανήλθαν στα 4,77 δισ. ευρώ , δηλαδή είχαν 30,2% αύξηση, σε σχέση με τα 3,66 δις ευρώ του Μαρτίου του 2016.

Κατά την περίοδο Ιανουαρίου –Μαρτίου 2017 εισήχθησαν προϊόντα στην Ελλάδα συνολικής αξίας 13,35 δισ. ευρώ, δηλαδή 31% αύξηση σε σχέση με τα 10,19 δισ. ευρώ της προηγούμενης περιόδου. Εξαιρουμένων πετρελαιοειδών και πλοίων, η αξία των εισαγωγών εμφανίζεται κατά 503,4 εκατ. ευρώ!

Η βασική αιτία της κρίσης στην Ελλάδα. Το έλλειμμα στο εμπορικό ισοζύγιο, που προήλθε από την συνεχή αύξηση των εισαγωγών, δηλαδή την επέλαση ξένων εταιριών/πολυεθνικών που σάρωσαν την εγχώρια επιχειρηματικότητα.

Αυτό τι σημαίνει όμως;

Σημαίνει απομύζηση της εγχώριας παραγωγής. Αυτό σημαίνει διάλυση της παραγωγική βάσης, που αποτελεί τα θεμέλια της οικονομίας μιας χώρας.

Και μετά από τρία μνημόνια οδεύουμε στο τέταρτο, σε έναν ακόμη φρικτό δανεισμό , καθώς τα αντισταθμιστικά του μέτρα οδηγούν σε περαιτέρω φτωχοποίηση της ελληνικής κοινωνίας, αντί για δυναμική υποκατάσταση των εισαγωγών με εγχώρια παραγωγή, ΠΟΥ ΑΠΟΤΕΛΕΙ ΚΑΙ ΤΟ ΠΡΩΤΑΡΧΙΚΟ ΠΡΟΓΡΑΜΜΑ ΑΝΑΠΤΥΞΗΣ ΣΥΜΦΩΝΑ ΜΕ ΤΙΣ ΒΑΣΙΚΕΣ ΑΡΧΕΣ ΤΗΣ ΟΙΚΟΝΟΜΙΚΗΣ ΕΠΙΣΤΗΜΗΣ.

Τι συνιστά λοιπόν το τέταρτο μνημόνιο;

-Πρωτογενή πλεόνασμα, οικονομική μεγέθυνση δηλαδή, τεχνητή οικονομία δηλαδή, της τάξης του 3,5% για 5 χρόνια.

-Δραματικές περικοπές στα επιδόματα των ανέργων, που σημειωτέον φθάνουν το 40% του πληθυσμού της χώρας.

-Δραματικές περικοπές στις συντάξεις κύριες και επικουρικές. Υπολογίζεται ότι θα χαθούν μία ως δύο συντάξεις το χρόνο.

-Περικοπές στα ειδικά μισθολόγια δικαστικών , γιατρών , ένστολων κτλ.

-Συνολικές περικοπές στις δημόσιες κατά 189 εκατ.ευρω.

- Από 1/1/2020 ή από 1/1/2019 μείωση του αφορολόγητου από 8.636 ευρώ στα 5.681, που θα παράγει ακόμη περισσότερους νεόπτωχους.

Όλα αυτά θα τα υποστούμε, εφόσον έχουμε εφαρμόσει το πρόγραμμα του τρίτου μνημονίου, καθώς διεκδικούμε το κόκκαλο της ελάφρυνσης του χρέους...

Τι κρύβεται όμως πραγματικά πίσω από το τέταρτο μνημόνιο;

Με «confidentiality», ΑΠΟΛΥΤΗ ΜΥΣΤΙΚΟΤΗΤΑ δηλαδή, κρύβονται   οι συνεννοήσεις για την ελάφρυνση του χρέους, όπως ακριβώς και οι εκταμιεύσεις των δόσεων των δανείων, καθώς πίσω από αυτές κρύβεται το σχέδιο κατοχής και ελέγχου της χώρας.

Σε τι συνίσταται όμως η ελάφρυνση του χρέους ...

Όχι διαγραφή μέρους του χρέους ως ΘΑ ΕΠΡΕΠΕ, αλλά μετάθεση της πληρωμής τόκων με «πλαφόν» στο κόστος δανεισμού, σταδιακά μέσα στις τέσσερις επόμενες δεκαετίες.

Πράγμα που προυποθέτει αφενός μεν την βιωσιμότητα του χρέους ΠΟΥ ΟΛΟΙ ΓΝΩΡΙΖΟΥΜΕ ΟΤΙ ΔΕΝ ΙΣΧΥΕΙ και αφετέρου την ανάπτυξη της οικονομίας από την εσωτερική της παραγωγή , που όπως ανάλυσα στην αρχή όχι μόνο δεν υφίσταται αλλά και δεν διαφαίνεται σαν στρατηγική ανάκαμψης της χώρας από την κρίση, με την υπεραύξηση κάθε χρόνο των εισαγωγών και την πλήρη εξάρτηση της οικονομίας μας από κέντρα του εξωτερικού.

Αντί για Ευρώπη λοιπόν και για   Σύμφωνο Σταθερότητας , ΑΡΧΙΣΕ ΝΑ ΕΜΠΕΔΩΝΕΙΣ ότι μιλάς για ΚΑΘΕΣΤΩΣ ΔΙΕΘΝΟΥΣ ΕΠΟΠΤΕΙΑΣ...

Το οποίο ΠΡΟΣΕΞΕ , θα συμβεί ΧΩΡΙΣ ΝΑ ΕΧΟΥΜΕ ΚΑΝΕΙ ΣΤΑΣΗ ΠΛΗΡΩΜΗΣ ΤΟΥ ΔΑΝΕΙΟΥ , ΧΩΡΙΣ ΝΑ ΕΧΟΥΜΕ ΦΥΓΕΙ ΑΠΟ ΤΟ ΕΥΡΩ ΚΑΙ ΤΗΝ ΕΥΡΩΠΑΙΚΗ ΕΝΩΣΗ...

ΚΑΘΕΣΤΩΣ ΕΛΕΓΧΟΜΕΝΗΣ ΠΤΩΧΕΥΣΗΣ ΔΗΛΑΔΗ!

(Κάτι που έχω προβλέψει σε παλιότερα άρθρα και βιβλία μου.)

Δεν είναι κακό να θυμηθούμε τον Διεθνή Οικονομικό Έλεγχο που επιβλήθηκε στη χώρα με τη πτώχευση Τρικούπη και έληξε τυπικά το 1978.

ΒΙΚΙΠΑΙΔΕΙΑ : Διεθνής Οικονομικός Έλεγχος (ΔΟΕ) ονομαζόταν ο έλεγχος των δημοσίων οικονομικών της Ελλάδας που επιβλήθηκε από Ευρωπαϊκές χώρες που δάνεισαν την Ελλάδα το φθινόπωρο του 1897 ενώ αυτή είχε χρεοκοπήσει τέσσερα χρόνια πριν, με στόχο την αποπληρωμή των χρεών της προς τους πιστωτές της. Τον έλεγχο εκτελούσε μια εξαμελή επιτροπή, η **Διεθνής Οικονομική Επιτροπή (Commission Internationale Financière de la Grèce)**, με μόνιμη εγκατάσταση στην Ελλάδα από το 1897 μέχρι το 1978, για 81 χρόνια.

Τον Οκτώβριο του 1897 οι πιστωτές συνέταξαν το νόμο ΒΦΙΘ/23-2-1898, σύμφωνα με τον οποίο εγκαθιδρύθηκε η επιτροπή οικονομικού ελέγχου (Διεθνής Οικονομική Επιτροπή), που σύντομα μετονομάστηκε σε Διεθνή Οικονομικό Έλεγχο.

Η συμφωνία με τους πιστωτές προέβλεπε:

-Χορήγηση δανείου πολεμικών επανορθώσεων και του «οικονομικού δανείου». Εκχωρήθηκε εγγυημένο δάνειο 151,3 εκατ. φράγκων, από τις στην Ελλάδα. Το δάνειο λήφθηκε προκειμένου να καταβληθούν στην Οθωμανική αυτοκρατορία οι αποζημιώσεις, που υποχρεώθηκε να καταβάλει η Ελλάδα στην Τουρκία συνολικού ύψους 93,9 εκατ. φράγκων, το υφιστάμενο κρατικό χρέος ύψους 31,4 εκατ. φράγκων, το έλλειμμα του ελληνικού δημοσίου για το έτος 1897 ύψους 22,5 εκατ. φράγκων και οι δαπάνες έκδοσης του δανείου (προμήθειες τραπεζών μεσιτικά, χαρτόσημα) ύψους 3,5 εκατ. φράγκων.

-Υποθήκευση φορολογικών εσόδων ώστε να εξασφαλισθεί η αποπληρωμή των δανείων. Για να επιτευχθεί η εξυπηρέτηση του χρέους ο ΔΟΕ απέκτησε τακτικές πηγές εσόδων και αξιολογούσε τις κρατικές υπηρεσίες για την αποδοτικότητα και την φοροεισπρακτική τους ικανότητα. Έτσι στο ΔΟΕ αποδίδονταν τα έσοδα των μονοπωλίων αλατιού, πετρελαίου, σπίρτων, τραπουλόχαρτων, τσιγαροχάρτων και σμυρίδας Νάξου, ο φόρος καπνού, τα τέλη χαρτοσήμου και οι δασμοί του τελωνείου Πειραιά.

- Αναδιάρθρωση του χρέους.

ΟΛΑ ΑΥΤΑ ΣΗΜΕΡΑ ΚΑΛΥΠΤΟΝΤΑΙ ΚΑΤΩ ΑΠΟ ΤΑ ΜΝΗΜΟΝΙΑ ΚΑΙ ΤΗΝ ΔΙΚΗ ΣΟΥ ΣΥΝΕΝΟΧΗ ΣΤΟ ΣΧΕΔΙΟ ΕΠΙΤΗΡΗΣΗΣ/ ΚΑΤΟΧΗΣ ΤΗΣ ΕΛΛΑΔΑΣ.

Μια προσεκτική μελέτη ίσως να βοηθήσει το μυαλό να αφοδεύσει όσους και όσα η ψυχή αντιπαλεύει ...

ΑΡΘΡΟ 17⁰

ΠΟΙΕΣ ΑΓΟΡΕΣ...

Δοκιμαστική έξοδο στις αγορές προβλέπουν οι αναλυτές.

Μας πουλάνε παραμύθι, ότι η Ελλάδα ήταν έτοιμη να βγει στις αγορές το 2014, αλλά δεν βγήκε γιατί δεν τήρησε τις προδιαγεγραμμένες δεσμεύσεις...

Και εξακολουθούν να συνδέουν, τις δυνατότητες ουσιαστικής επανόδου με τα μνημόνια, τον δανεισμό για την κάλυψη των χρηματοδοτικών αναγκών της χώρας δηλαδή και τα μέτρα ακραίας λιτότητας.

Χαρακτηριστικά η Citi σημειώνει, ότι η πλήρης πρόσβαση στις αγορές μπορεί να αποκατασταθεί μόνο μετά το τέλος του τρέχοντος προγράμματος, σε δώδεκα μήνες δηλαδή από τώρα...

Εν τω μεταξύ, σε αναμονή της έκθεσης για την βιωσιμότητα του χρέους από το ΔΝΤ, στις 27 Ιουλίου. Για να δούμε εάν θα μας αντιμετωπίσει όπως την Ζάμπια , το Κογκό, το Ζαίρ, την Αργεντινή ή θα σπρώξουν την ένταξη της Ελλάδας στο QE.

Από τη Σκύλλα στη Χάρυβδη...

Τι είναι όμως το QE ;

Το QE είναι η λεγόμενη ποσοτική χαλάρωση.

Quantitative Easing (QE) - Ποσοτική χαλάρωση ονομάζεται η πολιτική αυτή, όπου μια κεντρική τράπεζα δημιουργεί χρήμα αγοράζοντας χρεόγραφα, όπως κρατικά ομόλογα.

Σε αντίθεση με το τύπωμα χρήματος, η ποσοτική χαλάρωση δεν αποτελεί δημιουργία πραγματικού αλλά ηλεκτρονικού χρήματος, που στόχο έχει να δώσει ρευστότητα στους θεσμικούς επενδυτές και ειδικότερα στις τράπεζες να πωλούν χρεόγραφα όπως τα κρατικά ομόλογα προς την κεντρική τράπεζα και ΠΡΟΣΕΞΤΕ να αποκτούν κεφάλαια τα οποία θα μπορούν να διαθέτουν στην αγορά, **δανείζοντας εταιρείες και ιδιώτες, αυξάνοντας την κατανάλωση**.

Γιατί, αυτό μας ενδιαφέρει, η κατανάλωση και όχι η ευημερία των λαών , ο πραγματικός δείκτης δηλαδή της Ανάπτυξης.

Όλα αυτά δρομολογημένα, για μια οικονομία που δεν παράγει, με αιμορραγημένο επιχειρηματικό ιστό, που εξαρτάται ολοκληρωτικά από τον δανεισμό.

Θεραπεύουν τον δανεισμό με δανεισμό...στο όνομα της κατανάλωσης των πολυεθνικών προιόντων, γιατί η τοπική παραγωγή σε χώρες όπως η Ελλάδα έχει εξαφανιστεί.

Πόσο οξύμωρο ακούγεται αυτό όχι μόνο στα αυτιά της οικονομικής επιστήμης αλλά και της απλής λογικής ;

Επίσης:

Η Ποσοτική Χαλάρωση μπορεί να πραγματοποιηθεί μόνο αν η Κεντρική Τράπεζα ελέγχει το νόμισμα που χρησιμοποιείται στη χώρα. Για παράδειγμα, οι Κεντρικές Τράπεζες των χωρών στην Ευρωζώνη όπως είναι η Ελλάδα , δεν μπορούν μονομερώς να εφαρμόσουν την Ποσοτική Χαλάρωση. Αυτό θα πρέπει να το κάνει η Ευρωπαϊκή Κεντρική Τράπεζα (ΕΚΤ).

Η πλήρης εξάρτηση δηλαδή...

Και μετά τι ;

Θα χρεωνόμαστε περισσότερο για να καταναλώνουμε περισσότερο και να μην μπορούμε να αποπληρώνουμε το χρέος και να μας παίρνουν τα υπάρχοντα. Να δουλεύουμε για μισθούς πείνας και συντάξεις που είναι αμφίβολο ότι θα πάρουμε , αλλά και αν πάρουμε να μας τις απαλλοτριώνουν με μέτρα μεταχρονολογημένης λιτότητας.

Ο κεντρικός τραπεζίτης της ΕΚΤ δήλωσε, ότι η ΕΚΤ θα αποφασίσει πότε θα μπει η Ελλάδα στο QE , με βάση την δική της ανάλυση για την βιωσιμότητα του χρέους, γιατί ΑΥΤΗ είναι υπεύθυνη για την νομισματική πολιτική στην Ευρωζώνη. Επισήμανε δε ότι αυτή η πολιτική έχει αποβεί αποτελεσματική στην βάση μιας ευρύτερης ανάκαμψης ;;;;;;;;;;;;;; Που;;;;;;;;;;;

Εν τω μεταξύ προηγείται η απορρόφηση του χρέους , η αγορά δηλαδή των Γερμανικών ομολόγων...

Πρέπει να μπούμε και στη σειρά δηλαδή, για το πρόγραμμα Ποσοτικής Χαλάρωσης.

Την ίδια στιγμή, που το ΔΝΤ αναφέρεται ανοιχτά στο ελληνικό χρέος, ως μη βιώσιμο...

Αυτή η τακτική να μας πουλάνε τα «σάπια» ως μόνη εναλλακτική οικονομικής διατροφής, βάζοντας κι άλλους στο παιχνίδι , όπως το ΔΝΤ , όπου με σχετική του έκθεση θα τεκμηριώσει ότι το χρέος δεν είναι βιώσιμο, άρα θα μας κάνουν και χάρη να μας βάλουν στο πρόγραμμα «ΣΥΝΕΧΙΖΩ ΝΑ ΣΟΥ ΠΙΝΩ ΤΟ ΑΙΜΑ» και μεταξύ τους θα τσακώνονται υποτίθεται **έτσι ώστε να δημιουργείται η ψευδαίσθηση του εταίρου που μας υποστηρίζει και να μην αναζητούνται άλλοι τρόποι διαφυγής από την δουλεία-σκλαβιά, δεν ξεπερνά μόνο εμένα ή τον Ελληνικό λαό, αλλά και τις ίδιες τις επιστήμες την οικονομική και πολιτική...**

Όταν:

Σύμφωνα με Πανευρωπαϊκή Έρευνα του Ινστιτούτου Γερμανικής Οικονομίας της Κολωνίας (IW), κατά τη διάρκεια των καταστροφικών μνημονίων, η φτώχεια αυξήθηκε στην Ελλάδα κατά 40%. Στην κατάταξη των Ευρωπαικών χωρών, η Ελλάδα καταλαμβάνει μία από τις τελευταίες θέσεις μαζί με την Ρουμανία και τη Βουλγαρία. Η έρευνα συμπεραίνει, ότι μόνο με την εργασία και την εκπαίδευση μπορεί να ξεπεραστεί η φτώχεια.

Ποιες αγορές μπορούν να προσφέρουν εργασία και εκπαίδευση, αν δεν προέρχονται από την εγχώρια παραγωγή, μεταποίηση και εμπόριο;

Παράλληλα, **τραγική ειρωνεία**, έρευνα της Ευρωπαικής Κεντρικής Τράπεζας (ΕΚΤ) αποκαλύπτει, ότι τα ελληνικά νοικοκυριά έχουν μεγάλο χρέος και στο μεγαλύτερο ποσοστό τους δεν μπορούν να εξυπηρετήσουν τα δάνεια τους...

Πόση εξαπάτηση θα δέχεσαι ακόμη;

Για πόσο θα συμπράττεις, σε αυτό το νέου τύπου φονταμενταλισμού έγκλημα , που έχει οικονομικές ρίζες, που τρομοκρατεί και σκοτώνει καθημερινά λαούς;

ΑΡΘΡΟ 18ο

Η ΜΕΛΕΤΗ ΒΙΩΣΙΜΟΤΗΤΑΣ ΤΟΥ ΕΛΛΗΝΙΚΟΥ ΧΡΕΟΥΣ ΑΠΟ ΤΟ ΔΝΤ

Σύμφωνα με την περίφημη μελέτη, που όλοι αδημονούσαμε να διαβάσουμε, του ΔΝΤ για την βιωσιμότητα του ελληνικού χρέους, το ελληνικό χρέος χαρακτηρίζεται ως «εξαιρετικά μη βιώσιμο».

Προβλεπόμενα τα συμπεράσματα της μελέτης, καθώς ούτε η αλήθεια μπορεί να παραβλεφθεί από την μια μεριά, αλλά μπορεί όμως να επιστρατευτεί από την άλλη, για να δημιουργήσει πρόσθετες ανάγκες δανεισμού, μέσα από πολιτικές μονόδρομου.

Και αυτό αγαπητοί μου, είναι το ολιγοπώλιο στην πολιτική. Η εξάρτηση από λίγους ισχυρούς παίχτες , που καθορίζουν το πολιτικό παιχνίδι.

Σύμφωνα με την ανάλυση, το χρέος θα μειωθεί στο 160% του ΑΕΠ μέχρι το 2022. Οι ακαθάριστες ανάγκες χρηματοδότησης θα υπερβαίνουν το όριο του 15% του ΑΕΠ μέχρι το 2028 και το 20% μέχρι το 2033, φτάνοντας στο 45% έως το 2060!

Το κορυφαίο όλων είναι, ότι το χρέος θα μειωθεί σταδιακά σε περίπου 150% ως το 2030 και στην συνέχεια θα εκτοξευθεί φθάνοντας το 195% περίπου του ΑΕΠ έως το 2060 !

Όσες διαρθρωτικές μεταρρυθμίσεις λοιπόν και επενδύσεις κι αν γίνουν, όσα δημοσιονομικά πλεονάσματα κι αν επιτευχθούν, σε όποιες αγορές κι αν βγούμε θα είμαστε αναγκασμένοι να ζούμε ΥΠΟΔΟΥΛΟΙ.

Απλά το ΔΝΤ όπως έχω αναφέρει χαρακτηριστικά και σε άλλα άρθρα μου , δεν αποτελεί παρά τον άλλο πόλο που πιέζει για να γίνει ο δανεισμός πιο αναγκαίος και παρακαλετός από πλευράς της Ελλάδας, που δε παίρνει την τύχη της στα χέρια της και δεν στέλνει εκεί που πρέπει… ΔΝΤ και Ευρωπαική Ένωση.

Κι αν η ελάφρυνση του χρέους είναι το θέμα, δεν επιτυγχάνεται με την επιμήκυνση που θα χρεώσει γενεές επί γενεών τη χώρα, αλλά με καθαρές λύσεις ΑΠΟΜΕΙΩΣΗΣ του χρέους. Το οποίο, υπόψη, είναι στην ουσία ΠΑΡΑΝΟΜΟ.

Η επιμήκυνση του χρέους δεν μπορεί σε καμία περίπτωση να συνοδευτεί από την ΑΝΑΠΤΥΞΗ, δεδομένου ότι η ανάπτυξη προαπαιτεί καίριες μεταρρυθμίσεις στον κοινωνικό και επιχειρηματικό ιστό της χώρας.

Πόσες φορές πρέπει να πω, ότι αυτή η χώρα πρέπει να αρχίσει πάλι να παράγει. Εκεί βρίσκεται κρυμμένη η ανάπτυξη και όχι στις τεχνητές αναπνοές δανεισμού.

Οπότε η πρόβλεψη , σχετικά με τις προοπτικές της ελληνικής οικονομίας, από την ίδια μελέτη, ότι η ανάπτυξη θα σταθεροποιηθεί στο 1% σε μακροπρόθεσμο ορίζοντα, λόγω της γήρανσης του πληθυσμού, με αφήνει παγερά αδιάφορη, καθώς ο πληθυσμός της χώρας είναι ήδη γερασμένος από τα δεινά που υποφέρει και καμία ελπίδα δεν διαφαίνεται για τις γενιές που έρχονται στο μέλλον, οι οποίες και καθορίζουν την ταυτότητα ενός έθνους.

Εκτός κι αν, το έχω ξαναπεί, δεν επιθυμούμε να έχουμε εθνική ταυτότητα στο μέλλον. Είναι κι αυτό μέσα στα πλάνα της γενικότερης παγκοσμιοποιημένης κουλτούρας όχι στο όνομα της αλληλεγγύης , μην ξεγελιόμαστε – αλλιώς θα είχαμε ξεχρεώσει, αλλά στο όνομα μια παγκοσμιοποιημένης οικονομίας που θα εξυπηρετεί ακριβώς αυτά τα ολιγοπώλια πολιτικής και οικονομικής δύναμης.

Και συνεχίζω με τις τραγελαφικές προβλέψεις: Τα πρωτογενή πλεονάσματα, μετά το 2022 θα μειωθούν στο 1,5% του ΑΕΠ, έτσι ώστε να μπορούμε να προβούμε στις κοινωνικές μεταρρυθμίσεις και δημόσιες επενδύσεις και να μειωθούν οι φόροι για φυσικά πρόσωπα και επιχειρήσεις.

Μα... μέχρι το 2022 δεν θα έχει μείνει τίποτα όρθιο, ούτε φυσικά πρόσωπα ούτε επιχειρήσεις!

Άραγε σε ποιους απευθύνονται;

Από την άλλη μεριά η Ευρωπαική Επιτροπή αναμένει πιο φιλόδοξα πρωτογενή πλεονάσματα, προκειμένου, προσέξτε γιατί έχει μεγάλη διαφορά, όχι να μειωθεί το χρέος αλλά να επιμηκυνθεί. Μιλάμε για δύο τελείως διαφορετικές προσεγγίσεις.

Και απορώ πως τέτοιες λογικές κρίνονται αξιόπιστες, ενώ δεν είναι. Απλά κρίνονται αξιόπιστες για να μπορούν να επιβάλλονται, από αυτούς που τις επιβάλλουν.

Ούτε εδώ πάλι κρύβεται η ανάπτυξη, που ουσιαστικά καθορίζει το οικονομικό μέλλον μιας χώρας.

Και αφού ούτε εδώ κρύβεται η ανάπτυξη που εξυπηρετεί τους λαούς, που αλήθεια κρύβεται;

Μα... στην ασφάλεια και την ανάπτυξη των τραπεζών, οι οποίες δεν είναι κρατικές αλλά ιδιωτικές.

Μέσα από τη μελέτη προκύπτει, ότι οι τράπεζες ΞΑΝΑΚΙΝΔΥΝΕΥΟΥΝ από τα κόκκινα δάνεια, παρά τις επανειλημμένες ανακεφαλαιοποιήσεις από τους συνεχείς δανεισμούς της χώρας , που εξυπηρετούσαν αυτόν το σκοπό. Εκτιμάται ότι απαιτείται ένα αποθεματικό ύψους περίπου 10 δισεκατομμυρίων ευρώ (5,5% του ΑΕΠ) για να καλύψει ενδεχόμενες πρόσθετες ανάγκες τραπεζικής στήριξης.

Η συνταγή αυτή περιγράφεται στην έκθεση βιωσιμότητας του δημοσίου χρέους της Ελλάδος από το Διεθνές Νομισματικό Ταμείο –ΔΝΤ.

Και εδώ, αν δεν έχουμε πια καταλάβει το μάθημα, ε είμαστε ΑΝΕΠΙΔΕΚΤΟΙ ΕΛΕΥΘΕΡΙΑΣ. Δεν μας αξίζει η ελευθερία...

ΑΡΘΡΟ 19⁰

ΕΠΙΜΗΚΥΝΣΗ VS ΑΠΟΜΕΙΩΣΗ ΤΟΥ ΧΡΕΟΥΣ

Τα άρθρα πρέπει να έχουν όχι μόνο ενημερωτικό αλλά και εκπαιδευτικό χαρακτήρα, για να μπορούν να ανακινήσουν την κριτική ικανότητα και τα φίλτρα του πολίτη να διυλίσει την όποια πληροφορία του έρχεται από το εξωτερικό του περιβάλλον και να την κατατάξει ανάλογα στην σκέψη του.

Βασικό κριτήριο, όταν έρχεται η στιγμή των αποφάσεων και των επιλογών δράσης.

Πολλές φορές μια χώρα αναγκάζεται για να καλύψει τις ανάγκες της, να δανεισθεί χρήματα από άλλα κράτη ή από τον ιδιωτικό τομέα, μέσα από την πώληση κρατικών ομολόγων.

Όταν όμως δεν μπορεί να αποπληρώσει το δάνειο γιατί κινδυνεύει με χρεοκοπία, είτε θα πρέπει να ζητήσει και να επιτύχει επιμήκυνση του δανείου με τους καλύτερους δυνατούς όρους, είτε να ζητήσει και επιτύχει απομείωση του χρέους, δηλαδή το λεγόμενο κούρεμα.

Για να δούμε τι σημαίνει Επιμήκυνση του Χρέους:

Επιμήκυνση ενός χρέους σημαίνει, ότι ένα δάνειο παίρνει χρονική παράταση της αποπληρωμής του και βελτίωση των όρων αυτής, δηλαδή χαμηλότερα επιτόκια με περίοδο χάριτος.

Αυτό συνίσταται, στο να εξασφαλίσει πίστωση χρόνου, προκειμένου να αποκαταστήσει την θέση της μια χώρα στις αγορές και να βρει τα χρήματα για να αποπληρώσει το δάνειο που έχει πάρει.

Αυτό σημαίνει, ότι περισσότεροι επενδυτές θα είναι **πρόθυμοι** να αγοράσουν ομόλογα μεγάλης διάρκειας, εφόσον η χώρα δεν θα έχει μεγάλες τοκοχρεολυτικές δόσεις να καταβάλει για αρκετά χρόνια.

Πότε όμως;

Όταν η επιμήκυνση **θα κάνει τη διαφορά** ως προς το **υψηλό χρέος** απέναντι στο ΑΕΠ, που δεν θα γίνει ακόμη υψηλότερο στο τέλος της χρονικής διάρκειας της επιμήκυνσης.

Όταν θα υπάρχει φώς στο τέλος του τούνελ και απεξάρτηση από τους δανειστές.

Αυτό δεν πρόκειται να συμβεί στην περίπτωση της Ελλάδας , όπου η επιμήκυνση του χρέους συνίσταται στα 50 χρόνια, την στιγμή που το δημόσιο χρέος ως προς το ΑΕΠ (Ακαθάριστο Εθνικό Προιόν) φθάνει το 175%, είναι δηλαδή πολύ υψηλό και μη βιώσιμο βραχυπρόθεσμα , πόσο μάλλον μακροπρόθεσμα. Οι μικρότερες δόσεις αποπληρωμής του δανείου μέσω της επιμήκυνσης δεν εξυπηρετούν την παραπάνω προυπόθεση και έτσι κρίνονται αναποτελεσματικές.

Συμπέρασμα: Η επιμήκυνση ενός χρέους έχει νόημα και αποτέλεσμα μόνο όταν το δάνειο είναι χαμηλό και βιώσιμο.-

Για να δούμε τι σημαίνει απομείωση/κούρεμα ενός χρέους:

Η μείωση του χρέους μιας χώρας συνίσταται στην ανταλλαγή παλιών ομολόγων που κατέχουν οι δανειστές , με καινούργια χαμηλότερης αξίας.

Στην περίπτωση που μια χώρα βρίσκεται σε κατάσταση χρεοκοπίας, όπως η Ελλάδα, το χρέος της δηλαδή είναι μη βιώσιμο, τότε η αποτελεσματικότερη λύση για δανειστές και δανειζόμενους είναι η απομείωση του χρέους έτσι ώστε να βγουν και οι δύο ωφελημένοι.

Ας μην ξεχνάμε, ότι βασική προυπόθεση σε αυτή την σχέση δεν είναι να εξαντληθεί μια χώρα οικονομικά και κοινωνικά , καθώς δεν θα μπορεί να αποπληρώσει τον δανεισμό της και δανειστές και δανειζόμενοι θα βρεθούν σε δύσκολη θέση.

Όλα αυτά σε συνθήκες καλής συνεργασίας δανειστών και δανειζόμενων και όχι σε συνθήκες που ο ένας να επιβουλεύεται ο ένας τον άλλον.

Αλλιώς μιλάμε για άλλη τεχνική συνεργασίας , που βασικό σχεδιασμό έχει να καθυποτάξει το δανειζόμενο και να εκμεταλλευτεί τα περιουσιακά του στοιχεία και την πολιτική του οντότητα.

Εδώ δεν μιλάμε πια για δανεισμό. Εδώ ξεφύγαμε...

Εδώ μιλάμε για καθαρό πολιτικό και οικονομικό επεκτατισμό, μέσω του δανεισμού.

Εδώ μιλάμε για πολιτική που επιδιώκει να επεκτείνει την οικονομική, πολιτική και πολιτιστική κυριαρχία εις βάρος αδύναμων οικονομικά κρατών.

Εδώ μιλάμε για **ΝΕΟΑΠΟΙΚΙΟΚΡΑΤΙΣΜΟ**...

ΤΟ ΠΑΡΑΛΛΗΛΟ ΝΟΜΙΣΜΑ ΚΑΙ ΠΑΛΙ ΣΤΟ ΤΡΑΠΕΖΙ

Και αυτή τη φορά η πρόταση έρχεται από την Ιταλία, δια στόματος Μπερλουσκόνι, ατενίζοντας πολιτικά προς την εξουσία.

Οι Ιταλοί, ένας λαός με μακρόχρονη δημοκρατική παράδοση, μόλις στο κοντινό παρελθόν με το ανατρεπτικό αποτέλεσμα του ΟΧΙ στο δημοψήφισμα, δεν επέτρεψαν την κατάργηση της Γερουσίας, διατηρώντας τη ως πολιτικό αντίβαρο απέναντι στις αποφάσεις που καλείται κάθε φορά το Ιταλικό κοινοβούλιο να υιοθετήσει, προκειμένου να ακολουθήσει τα Ευρωπαικά επιβαλλόμενα.

Η ευρωσκεπτικιστική στάση έχει αγγίξει όλες τις κομματικές ρίζες , καθώς η Ιταλία ασθενεί οικονομικά και ο λαός ζητά μεταρρυθμίσεις κοινωνικού τύπου και όχι αυτές της λιτότητας και των αισχρών κανονιστικών στα εργασιακά που η διοίκηση της Ευρωπαικής Ένωσης θέλει να επιβάλλει.

Και έτσι, ακόμη και το κεντροδεξιό κόμμα του Μπερλουσκόνι έρχεται να προτείνει το παράλληλο νόμισμα (ένα εθνικό για τις εσωτερικές συναλλαγές και το ευρώ για τις διεθνείς συναλλαγές), προκειμένου η Ιταλία να επανακτήσει την νομισματική της κυριαρχία και δη την κυριαρχία επί της αγοράς , της οικονομίας της.

Παρατηρούμε δηλαδή, αυτό που βλέπουμε και σε άλλες χώρες: την υιοθέτηση ανατρεπτικών πολιτικών από εθνικιστικά και άλλα περιθωριακά κόμματα, καθώς ο μεσοαστικός σοσιαλισμός έχει πληγεί από την υπεροψία της Αντιπροσωπευτικής Δημοκρατίας να παρέχει φωνή και δράση σε νεοφιλελεύθερες πολιτικές που πλήττουν όλους τους πολίτες σε όποια τάξη κι αν ανήκουν.

Καθώς έχει διαρραγεί η Δημοκρατία, μέσω της αντιπροσώπευσης της...

Το εσωτερικό νόμισμα θα χρησιμοποιείται για να πληρώνονται προμηθευτές του κράτους, φόροι, εισφορές κοινωνικής ασφάλισης και ως ανταλλακτικό νόμισμα για την αγορά καταναλωτικών αγαθών.

Αυτό βοηθά στην τόνωση της παραγωγής και την ανάπτυξη της οικονομίας ενός κράτους, καθώς αποτελεί την κυρίαρχη λύση για την μείωση των εισαγωγικών ειδών και δη την κερδοσκοπική δράση των πολυεθνικών εταιριών σε μια χώρα, όπως έχω αναφέρει πολλές φορές σε άρθρα μου αλλά και σε ομιλίες μου.

Αποτελεί δε το «ψαλίδι» για την αποκόλληση των χωρών από την οικονομική εξάρτηση και τον δανεισμό, καθώς θεμελιώνει τον μεταβατικό δρόμο από την ομηρία στην απελευθέρωση.

Από εκεί και έπειτα μπορεί κανείς να δει πιο ξεκάθαρα και ολοκληρωμένα την συνολική εικόνα της Ευρωπαικής Ενοποίησης και να αποφασίσει με καθαρή γνώση εάν επιθυμεί να ανήκει εκεί.

Και φυσικά όλες αυτές οι πολιτικές χειρονομίες διόλου ευπρόσδεκτες είναι από την Ευρωπαική Επιτροπή. Η συμμαχία Merkcron (Merkel + Macron) δεν οραματίζεται σίγουρα γα το μέλλον της Ευρώπης, αλλά για τα συμφέροντα της κάστας που υπηρετούν, του διεθνές κεφαλαίου και των υποπροιόντων του.

Η Ιστορία όμως καταγράφει και όπως έχω προπεί σε άλλα άρθρα μου έχει στρωθεί το έδαφος για τις ανατροπές που δεν θα επιτρέψουν την Ευρωπαική Ολοκλήρωση , καθώς αυτή δεν ήρθε την ώρα που χρειαζόταν, διότι δεν υπήρξε ποτέ σαν πραγματιστική σκέψη αλλά σαν ιδεολογική σαπουνόπερα που αποπροσανατόλισε τους λαούς.

Μέρκελ και Μακρόν έχουν πάρει απλά μια εκβιαστική παράταση από την Ιστορία να αποδείξουν το ανορθόδοξο , δηλαδή την εξέλιξη των λαών μέσα από την συρρίκνωσή τους...

Η ΗΘΙΚΗ ΤΩΝ ΟΡΓΑΝΙΣΜΩΝ, ΙΔΡΥΜΑΤΩΝ, ΜΚΟ ΚΤΛ

Και ενώ οι προσφυγικές κρίσεις δημιουργούνται από τους πολέμους, που η κακώς εννοούμενη παγκοσμιοποίηση έχει οδηγήσει τον κόσμο, προκειμένου να γίνουν ανακατανομές πληθυσμών που θα τροφοδοτήσουν το πολυεθνικό κεφάλαιο με φθηνά εργατικά χέρια , στήνονται οργανώσεις-ιδρύματα, Μη Κυβερνητικές Οργανώσεις-ΜΚΟ που επιδοτούνται από κρατικούς, ευρωπαικούς και διεθνείς μηχανισμούς με σκοπό την αλληλεγγύη.

Κατά πόσο εξυπηρετούν όμως το σκοπό για τον οποίο δημιουργούνται αυτοί οι οργανισμοί, καταρχήν ηθικά και κατά δεύτερον οικονομικά εφόσον απολαμβάνουν την επιχορήγηση τεράστιων ποσών, που πρέπει να διοχετεύουν στην απάλυνση του πόνου των προσφύγων και κυρίως στην ασφαλή αποκατάσταση τους;

Τα ιδρύματα και οι ΜΚΟ ειδικά επιδοτούνται με εκατομμύρια ευρώ από την ΕΕ και τις ΗΠΑ, καθώς και άλλα κέντρα εξουσίας, προκειμένου για την δημιουργία δομών στήριξης των προσφύγων.

Οι δομές στήριξης των προσφύγων όμως πραγματικά εξυπηρετούν τους πρόσφυγες, ή είναι υποτυπώδεις και δημιουργούνται για το θεαθήναι , για την κάλυψη δηλαδή της πραγματικής δράσης των οργανώσεων;

Και ποια είναι η πραγματική δράση των οργανώσεων και κατά πόσο αφορά την αλληλεγγύη απέναντι στους πρόσφυγες αλλά και τις χώρες που τους δέχονται;

Για παράδειγμα : στην Ελλάδα δραστηριοποιείται από το 2013 ο οργανισμός Solidarity Now-Αλληλεγγύη Τώρα, ο οποίος σύμφωνα με στοιχεία που δίνει ο ίδιος μέσω του διαδικτυακού του ιστότοπου, αποτελεί παρακλάδι ενός άλλου ιδρύματος με την ονομασία Open Society Foundations –OSF του οποίου προεδρεύει ένας διεθνής τζογαδόρος κεφαλαίων στο χρηματιστήριο, υπεύθυνος για χρηματοοικονομικές κρίσεις σε πολλές χώρες μεταξύ των οποίων και η Ελλάδα, ο Τζορτζ Σόρος.

Το Open Society Foundations –OSF επιδοτεί με τεράστια ποσά ΜΚΟ σήμερα στην Ελλάδα και στα Βαλκάνια.

Είναι άραγε ο στόχος του να προασπίσει την Δημοκρατία και τα ανθρώπινα δικαιώματα ή να ανοίξει το δρόμο σε δυνάμεις που μπορούν να προκαλέσουν πολιτικές ανατροπές όταν δεν ικανοποιούνται τα συμφέροντα του Σόρος και όσων βρίσκονται πίσω από αυτόν (βλέπε Ρότσιλτντ, Ροκφέλερ, Ντιπόν, Βάντερμπιλντ, και συναφείς δυναστείες) ;

Δηλαδή όσων κατέχουν τα 2/3 του πλούτου της γης μέσα από αιώνες ασταμάτητης τοκογλυφίας και δανεισμού, χρηματοδοτώντας πολεμικές και ιδεολογικές συρράξεις, δικτάτορες και επαναστάτες. Πλούτο τον οποίο δεν μπορεί να εντοπίσει κανείς εύκολα, καθώς μέσα από ένα πολύπλοκο σύστημα πολυεθνικών εταιριών, θυγατρικών και οργανισμών στους οποίους κάνουν δωρεές για να αποφεύγουν τις φορολογικές εισφορές καταφέρνουν να πληρώνουν πάντα οι λαοί , το πελατειακό κοινό δηλαδή το οποίο εκμεταλλεύονται, για αυτούς.

Ο Σόρος είναι απλά αυτός που έχει αναλάβει να φαίνεται για αυτούς στα Βαλκάνια.

Στην Ρωσία, την Ουγγαρία, την ΠΓΔΜ, τη Βουλγαρία και την Σερβία έχουν ξεκινήσει εκστρατείες «αποΣοροποίησης» του δημόσιου βίου, προκειμένου όχι μόνο να αποκαλυφθεί η δράση των οργανώσεων αλλά και τα πρόσωπα της πολιτικής σκηνής στην Ανατολική και Νότια Ευρώπη που έχουν θητεύσει στη περίφημη ακαδημία του Σόρος, Central European University και είτε προασπίζονται τα συμφέροντα του Σόρος μέσα από την πολιτική τους εξουσία είτε γνωρίζοντας τη δράση του εκ των έσω τον αντιπαλεύουν.

Τρανταχτό παράδειγμα ο πρωθυπουργός της Ουγγαρίας Βίκτορ Ούρμπαν, ο οποίος σπούδασε στην Οξφόρδη με υποτροφία του Σόρος αλλά σήμερα αποτελεί φανατικό πολέμιο του. Κήρυξε μάλιστα το έτος 2017 στην Ουγγαρία , έτος απομάκρυνσης του Σόρος…

Γιατί όμως συμβαίνουν αυτά τα άκρως περίεργα;

Γιατί όπως και στην Ελλάδα οι οργανώσεις αυτές σκοπό έχουν **να ανατρέπουν κυβερνήσεις, να υποκινούν εμφύλιους πολέμους, να κατευθύνουν τα μέσα μαζικής ενημέρωσης, να ελέγχουν τα χρηματοπιστωτικά ιδρύματα (τις τράπεζες δηλαδή και τα παράγωγά τους) και να προάγουν την κερδοσκοπία των πολυεθνικών επιχειρήσεων.**

Είναι αυτοί οι οργανισμοί που μετατρέπουν τους πρόσφυγες σε μειονότητες στις χώρες που επιθυμούν να δράσουν , προκειμένου να απολαμβάνουν πολιτικά και άλλα δικαιώματα και να μπορούν ανά πάσα στιγμή να δηλώσουν στο μέλλον ανάγκη για ανεξαρτητοποίηση και να αποκοπούν από τον εθνικό σκελετό της χώρας, προκαλώντας τεράστιες ανακατατάξεις γεωπολιτικά, οικονομικά και πολιτικά.

Είναι οι ΙΔΙΟΙ οργανισμοί με άλλο πρόσωπο που αλώνουν τις αγορές με ιδιωτικοποιήσεις κρατικών εταιριών, με την απόκτηση ελέγχου ιδιωτικών ελληνικών οργανισμών στον τραπεζικό, βιομηχανικό, βιοτεχνικό στον παραγωγικό τομέα γενικότερα είτε πρόκειται για πρωτογενή-δευτερογενή-τριτογενή.

Αυτό ονομάζεται «Ειρηνική Εισβολή» και αποτελεί την σύγχρονη μέθοδο πολέμου στα κράτη που απειλούνται με οικονομική και πολιτική κατοχή.

Έτσι παραβιάζεται η Δημοκρατία, όταν η προάσπιση των δικαιωμάτων του κάθε λαού εναποθέτεται στα χέρια δυνάμεων με ρατσιστικά κίνητρα, εφόσον τα «Δημοκρατικά» κινήματα αποτελούν κατά κανόνα σήμερα την πιο χυδαία έκφραση ποτέ του ρατσισμού που λέγεται Παγκοσμιοποίηση των συμφερόντων των πολύ ολίγων στον κόσμο και Αντιπαγκοσμιοποίηση των συμφερόντων των πολλών μέσω της σύγχρονης επισμαλτωμένης δουλείας.

Έτσι χάνει την έννοια της η όποια ηθική διάσταση προσπαθεί να αποδώσει κανείς στους περισσότερους από αυτούς τους οργανισμούς, που αντίστοιχα όπως η Κου Κλουξ Κλαν παρεισδύουν στις κοινωνίες για να τις διαλύσουν.

Και αυτό, γιατί τα κίνητρα πια δεν αποτελούν το φυσικό χρώμα ή την καταγωγή του ανθρώπου αλλά την αισχρή οικονομική του εκμετάλλευση.

ΑΡΘΡΟ 22°

Η «ΑΝΑΠΤΥΞΗ» ΤΩΝ ΝΕΟΦΙΛΕΛΕΥΘΕΡΩΝ ΟΙΚΟΝΟΜΙΩΝ

Πρόσφατα, ομοσπονδιακό δικαστήριο της Βραζιλίας έθεσε τέλος στο σχέδιο της κυβέρνησης να επιτρέψει την εξόρυξη σε εκτάσεις ενός εθνικού δρυμού στον Αμαζόνιο.

Η συγκεκριμένες εκτάσεις αποτελούν μέρος προστατευόμενου δάσους στον Αμαζόνιο, τις οποίες η κυβέρνηση Τέμερ, στα πλαίσια των «αναπτυξιακών επενδύσεων» είχε αποχαρακτηρίσει με σκοπό να τις παραχωρήσει σε εξορυκτικές εταιρείες. Περισσότερες από 20 εγχώριες και πολυεθνικές εταιρείες έχουν εκφράσει ενδιαφέρον να δραστηριοποιηθούν στην περιοχή.

Στόχος της να προσελκύσει νέες επενδύσεις που θα αποφέρουν πλούτο στη χώρα, θέσεις εργασίας και εισόδημα για την κοινωνία, τα οποία όμως είναι αμφιλεγόμενα ζητήματα όταν δεν υπάρχει ξεκάθαρη νομοθεσία που να ορίζει τι κάνει λαμβάνει η χώρα από τη συγκεκριμένη επένδυση και αν διοχετεύεται σε κοινωνικές μεταρρυθμίσεις, πόσο θα είναι το ημερομίσθιο των εργαζόμενων και τα πόσο όλα αυτά θα υλοποιηθούν εις βάρος των κατοίκων και του περιβάλλοντος της περιοχής.

Το δάσος καταλαμβάνει συνολικά 46.000 τετρ. χλμ. στις πολιτείες Αμάπα και Παρά και είναι μεγαλύτερο σε έκταση από τη Δανία και πολύ πλούσιο σε χρυσό και άλλα μέταλλα.

Η κυβέρνηση Μισέλ Τέμερ παρότι υποστηρίζει ότι μόνο το 30% της έκτασης θα δινόταν προς εκμετάλλευση και ότι εννέα περιοχές που απολαμβάνουν καθεστώς ειδικής προστασίας ή είναι ο τόπος κατοικίας αυτοχθόνων ιθαγενών θα συνεχίζουν να προστατεύονται από τον νόμο, τίποτα δεν εξασφάλιζε την προστασία του περιβάλλοντος ή των κατοίκων του.

Το συγκεκριμένο μέτρο αποτελεί το μεγαλύτερη περιβαντολλογική επίθεση στον Αμαζόνιο τα τελευταία 50 χρόνια, καθώς η βιομηχανική εξόρυξη μετάλλων στην περιοχή θα προκαλέσει δημογραφική έκρηξη, αποψίλωση των δασών, μόλυνση των αποθεμάτων του νερού, καταστροφή του υδροφόρου ορίζοντα, καταστροφή της βιοποικιλότητας και εμφυλιακές συγκρούσεις για το ιδιοκτησιακό καθεστώς.

Θα πρέπει επίσης να σημειωθεί, ότι ο Αμαζόνιος φιλοξενεί το 1/10 της χλωρίδας και της πανίδας του πλανήτη και παράγει περίπου το 20% του οξυγόνου στον κόσμο και αποτελεί κοινή πολιτιστική κληρονομιά της ανθρωπότητας...

Η περιοχή για την οποία είχε εκδηλωθεί το μεγαλύτερο ενδιαφέρον για εξόρυξη χαλκού, χρυσού, μαγγανίου, νικελίου, ταντάλιου και σιδηρομεταλλεύματος είναι κομμάτι μιας από τις σημαντικότερες προστατευόμενες περιοχές, του Βιότοπου του Μαϊκουρού. Και η συστηματική εξόρυξη των μετάλλων αυτών θα μπορούσε να προκαλέσει μη αναστρέψιμη βλάβη στη ζωή και την κουλτούρα των αυτοχθόνων ιθαγενών.

Αυτή λογίζεται ως «Ανάπτυξη» του Νεοφιλελεύθερου Κόσμου που ζούμε...

Και αυτοί που εκτελούν , εκτελούν χωρίς οίκτο ή άλλη σκέψη, ότι αντιστέκεται στα συμφέροντα των ολίγων που υπηρετούν.

Κορυφαίο όλων είναι, ότι ο Τεμέρ υπερέβη την εξουσία του όταν εξέδωσε το διάταγμα για την κατάργηση της προστατευόμενης περιοχής, καθώς μόνο το Κογκρέσο της χώρας μπορεί να εκδώσει μια τέτοια απόφαση.

Ο πρόεδρος Τέμερ έχει επιβάλλει μία ευρεία πολιτική λιτότητας και ιδιωτικοποιήσεων, εξυπηρετώντας τα συμφέροντα πανίσχυρων αμερικανικών πολυεθνικών.

Εδώ θα πρέπει το Σύνταγμα να μην επιτρέπει να διαφεύγουν από τα εγκλήματα διαφθοράς απέναντι στη χώρα τους και η Δικαιοσύνη να διατηρεί το ηθικό ανάστημα να τους τιμωρεί παραδειγματικά.

Σήμερα βρίσκεται στο στόχαστρο έρευνας ομοσπονδιακών εισαγγελέων για υποθέσεις διαφθοράς, διαπλεκόμενων συμφερόντων, κατάχρησης εξουσίας και ξεπλύματος μαύρου χρήματος.

Ο γενικός εισαγγελέας της Βραζιλίας, πριν λίγο καιρό, απάγγειλε κατηγορίες σε βάρος **έξι μελών του κυβερνώντος κόμματος PMDB** του προέδρου **Μισέλ Τέμερ** για σύσταση σε συμμορία.

Σύμφωνα με τον εισαγγελέα **έξι γερουσιαστές έλαβαν ένα ποσό περίπου 232 εκατομμυρίων ευρώ** για να δημιουργήσουν ζημίες εκατοντάδων εκατομμυρίων ευρώ στη δημόσια επιχείρηση πετρελαίου Petrobras και τη θυγατρική της Transpetro, προκειμένου να ανοίξουν το δρόμο στην ιδιωτικοποίησή της.

Για να δούμε όμως θα φθάσει η Δικαιοσύνη την υπόθεση μέχρι τέλους, σε αυτή τη νεοφιλελεύθερη χώρα, που πλουτίζει μια ελίτ διαπλεκόμενων συμφερόντων με την κάστα της διεθνούς ολιγοκρατίας, ενώ η φτώχεια, η πείνα και η εξαθλίωση μαστίζει ακόμη τις φαβέλες;

Λογικό επόμενο είναι και εδώ τη θέση των αριστερών/σοσιαλιστικών και δεξιών κυβερνήσεων, που απέτυχαν να υπεραμύνονται της Δημοκρατίας , να καταλάβει η ακροδεξιά παράταξη, που υπόσχεται ανελέητο αγώνα κατά της διαφθοράς και της φτωχοποίησης της χώρας.

Όταν η Δικαιοσύνη στον σύγχρονο κόσμο συνδέεται με το καταναλωτικό πρότυπο ζωής , του δανείζομαι για να αποκτήσω δικαίωμα στην πολυτελή ζωή, όταν οι υποτιθέμενες «Δημοκρατικές» κυβερνήσεις δεν τηρούν τις δεσμεύσεις τους και διαπλέκονται με το κεφάλαιο, ένα πράγμα επιτυγχάνεται : ΝΑ ΑΝΟΙΓΕΙ Ο ΔΡΟΜΟΣ ΣΤΟ ΦΑΣΙΣΜΟ...

ΑΡΘΡΟ 23⁰

THE WEATHERGATE

Οι φυσικές καταστροφές αποτελούν σήμερα το καινούργιο προβοκατατόρικο όπλο στα χέρια εκείνων που προσπαθούν να ρυθμίσουν τη μοίρα του πλανήτη.

Δοκιμάζεται η Αμερική από τους τυφώνες και «δικάζεται» ο Αμερικάνος πολίτης, για τα εγκλήματα που έχουν διαπράξει οι πολιτικοί και οικονομικοί αρχηγοί του, απέναντι στην ανθρωπότητα.

Πρώτα ο τυφώνας Χάρβεϋ.

Μετά ο τυφώνας Ίρμα κατάστρεψε ανθρώπους και περιουσίες, στο πρόσφατο παρελθόν.

Ο τυφώνας Ίρμα αφού κατάστρεψε την Καραϊβική χτύπησε την Φλόριντα και προκάλεσε ένα σπάνιο φαινόμενο, άδειασε η θάλασσα σε μεγάλες αποστάσεις. Το πρωτοφανές φαινόμενο παρατηρήθηκε σε ορισμένα νησιά στις Μπαχάμες, σε όλο το μήκος της ακτής της Φλόριντα και σε όλο το μήκος του Κόλπου του Μεξικού.

Σύμφωνα με δηλώσεις του παγκοσμίου φήμης φυσικού Michio O Kaku, ο ουρανός **ψεκάζεται με νανοσωματίδια και οι καταιγίδες ενεργοποιούνται με τη χρήση λέιζερ.** Εκείνο που δεν αποκάλυψε όμως, είναι ότι μέσα σε λίγα λεπτά η δράση του λέιζερ οδηγεί σε σημαντική αύξηση της ολικής πυκνότητας σωματιδίων πάγου που μπορούν να προκαλέσουν βιβλικά φαινόμενα, όπως σεισμούς, τυφώνες και πλημμύρες, γιατί δεν έχουν προβλεφτεί οι συνέπειες από τα παρεμβατικά αυτά προγράμματα/πειράματα που μπορούν να αλλάξουν τον καιρό.

Γιατί απλά αποτελούν το προκάλυμμα για τα πραγματικά κίνητρα αυτών των προγραμμάτων/πειραμάτων.

Το ερευνητικό πρόγραμμα HAARP- High Frequency Active Auroral Research Program **δημιουργήθηκε στις αρχές της δεκαετίας του 1990 στα πλαίσια της ιονοσφαιρικής έρευνας και** αφορά ερευνητικό πρόγραμμα υψηλής συχνότητας δραστικής ακτινοβολίας που συνδέεται με τον έλεγχο των δυνάμεων της φύσης και τη μαζική καταστολή των μαζών...

Στο συγκεκριμένο πρόγραμμα/πείραμα εμπλέκονται : Η Πολεμική Αεροπορία των ΗΠΑ, το Ναυτικό, το Πανεπιστήμιο της Αλάσκας Φέρμπανκς και η Υπηρεσία Προηγμένων Ερευνητικών Έργων Άμυνας- DARPA.

Πολύνεκρος σεισμός στο Μεξικό, τυφώνες που καταστρέφουν την Αμερική, πλημμύρες που καταστρέφουν την Ινδία και την Ρωσία και πυρκαγιές που καταστρέφουν τον βορειοδυτικό Ειρηνικό, οι αφύσικες καιρικές συνθήκες αποτελούν σήμερα το καινούργιο όπλο πολέμου στα χέρια της πολιτικής και οικονομικής ολιγοκρατίας, προκειμένου να σπείρουν το φόβο και έτσι να ελέγχουν το συνειδητό και ασυνείδητο των υπηκόων τους και να κατανέμουν πλούτο και εξουσία όπως αυτοί ορίζουν.

Η προσπάθεια να οπλοποιηθεί ο καιρός, έχει φτάσει σε «επιστημονική» αρτιότητα αποσταθεροποίησης του κλίματος/θερμοκρασίας ανά περιοχή/κράτος, με στόχο την αποσταθεροποίηση της παραγωγικής, κοινωνικής, πολιτικής δραστηριότητας ανά περιοχή/κράτος, ανάλογα με τα κυριαρχικά συμφέροντα που κάθε φορά αναπτύσσονται.

Οι Ηνωμένες Πολιτείες της Αμερικής έχουν ενσωματώσει την Μετεωρολογική τους Υπηρεσία στην Εθνική Υπηρεσία Ασφάλειας, κατηγοριοποιώντας τις καταστροφές και απειλές από το κλίμα, στην ίδια κατηγορία με αυτήν της τρομοκρατίας, άσχετα αν αυτή χρησιμοποιείται εντός και εκτός συνόρων, άσχετα αν θυματοποιούνται εχθροί και φίλοι, πάντα στο όνομα της «σχετικής» ειρήνης, πάντα στο όνομα της Δημοκρατίας της «βίας».

Ο βραβευμένος μετεωρολόγος Scott Stevens, το 2012, αποκάλυψε ότι ο τυφώνας Sandy (Ο τυφώνας Σάντι αποτελεί το μεγαλύτερο σύστημα τροπικών καταιγίδων που έχει καταγραφεί στον Ατλαντικό- επηρέασε την Δομινικανή Δημοκρατία, την Αιτή, τις Μπαχάμες, την Κούβα, την ανατολική ακτή των ΗΠΑ και στη συνέχεια τον ανατολικό Καναδά και την περιοχή των Μεγάλων Λιμνών) δεν ήταν απλό μετεωρολογικό φαινόμενο, αλλά άλλη μια τραγική απόδειξη της γεωμηχανικής, της χειραγώγησης δηλαδή των φυσικών φαινομένων.

Ανάφερε χαρακτηριστικά ο Stevens σε μια γενικότερη αποτύπωση των καρακτηριστικών της γεωμηχανικής και της χρήσης της , ότι χρησιμοποιούν τα καιρικά φαινόμενα ως όπλα για να δημιουργήσουν ακραίες καταστάσεις, τις οποίες εκμεταλλεύεται η παγκόσμια κυβέρνηση, αυτή η κυβέρνηση στην οποία πληρώνουμε τους ρύπους μας...

Ο τυφώνας Sandy δημιουργήθηκε, για να κινήσει τα λιμνάζοντα νερά της αποδιοργανωμένης τότε αμερικάνικης οικονομίας με την ανοικοδόμηση και τις επισκευές.

Όλες αυτές οι «φυσικές» καταστροφές έρχονται να μας θυμίσουν πόσο ανίσχυρος είναι ο πολίτης που ζει και αναπνέει ως «φιλικός υπήκοος» στην χώρα του, για να οικοδομεί ισχυρότερα φοβικά σύνδρομα στους υπόλοιπους πολίτες του κόσμου.

Σήμερα, που έμαθε ο κόσμος τι σημαίνει χειροκίνητος μαζικός πόλεμος, που αρχίζει να μαθαίνει τι σημαίνει υποδόριος οικονομικός πόλεμος, οι ρομποτικοί εγκέφαλοι του συστήματος έχουν εφεύρει καινούργια όπλα «ευθανασίας» της αντίδρασης , που δεν είναι άλλα από την χειραγώγηση των καιρικών φαινομένων.

Σήμερα που οι λαοί καταλαβαίνουν και αντεπιτίθενται πιο εύκολα στην εξαρτητοποίηση και εμπορευματοποίηση του μέλλοντός τους, που καταλαβαίνουν και αντιστέκονται πιο σθεναρά στις συνωμοσιακούς αποικιοκρατικούς πολέμους, εφηύραν κι άλλους τρόπους συνειδησιακής παρενόχλησης του πολίτη, που συνίστανται στην χειραγώγηση των καιρικών φαινομένων.

Καμία ηθική προστασία ούτε απέναντι στον άνθρωπο , ούτε απέναντι στο περιβάλλον.

Αυτή η ανηθικότητα απέναντι στο περιβάλλον και κατ' επέκταση στον άνθρωπο, ανοίγει ένα καινούργιο μεγαλειώδες πολιτικό σκάνδαλο το **WeatherGate…**

ΑΡΘΡΟ 24°

ΟΙ «ΑΠΟΣΧΙΣΤΙΚΕΣ» ΑΝΑΤΡΟΠΕΣ- ΚΑΤΑΛΟΝΙΑ ΩΡΑ ΜΗΔΕΝ

Ανατροπή και το δημοψήφισμα στην Καταλονία την 1η του Οκτώβρη: Συντριπτική επικράτηση του ΝΑΙ . 90% και πλέον των πολιτών, με συμμετοχή της τάξης του 43%, ψήφισε ΝΑΙ στην απόσχιση της Καταλονίας από την υπόλοιπη Ισπανία.

Και η Καταλονία λίγες μέρες μετά φαίνεται να προχωρά στην διακήρυξη της Ανεξαρτησίας της, ως εφαρμογή του νόμου σχετικά με το αποτέλεσμα του δημοψηφίσματος.

Απομένει να δούμε εάν το κεντρικό κράτος της Ισπανίας θα καπελώσει την απόλυτα νόμιμη κίνηση της Καταλονίας να ανεξαρτητοποιηθεί.

Και αν ανεξαρτητοποιηθεί η Καταλονία θα ανήκει εκτός Ευρωπαικής Ένωσης και ενδεχομένως να επιστρέψει στην Ισπανική Πεσέτα. Τότε θα ανήκει στον εαυτό της...

Στην Ευρώπη καταγράφονται πολλά αποσχιστικά κινήματα και είναι σίγουρο πως θα επηρεασθούν από τις εξελίξεις στην Βορειοανατολική Ισπανία.

Οι αποσχιστικές τάσεις που παρουσιάζονται στην Ευρώπη έρχονται σαν αποτέλεσμα της αντιθετικής στάσης με την οικονομία λιτότητας που προωθεί η Ευρωπαϊκή Ένωση , σε μια ενοποίηση που δεν πληροί ούτε τις βασικές ομοσπονδιακές προυποθέσεις.

Η ανεξαρτησία συνδέεται με την οικονομική αυτονομία τους από τις εθνικές τους κυβερνήσεις , οι οποίες προσπαθούν να επιβάλλουν τα συνιστώμενα από την διοίκηση της ευρωπαικής Ένωσης προγράμματα δημοσιονομικής λιτότητας.

Οι οικονομικές, γλωσσικές, πολιτιστικές , και ιστορικές διαφορές ανασύρονται στην επιφάνεια και η ρήξη πλέον είναι μοιραία.

Πάρα πολλές χώρες της Ευρωπαϊκής Ένωσης έχουν αποσχιστικά προβλήματα, συμπεριλαμβανομένου του Βελγίου και της Ιταλίας.

Στην Ιταλία οι πλούσιες περιφέρειες της Λομβαρδίας και του Βένετο πραγματοποιούν δύο δημοψηφίσματα στις 22 Οκτωβρίου, με σκοπό να αποκτήσουν περισσότερη αυτονομία. Τάσεις μεγαλύτερης αυτονομίας παρουσιάζει και η περιφέρεια του Νότιο Τυρόλο.

Ενώ στο Βέλγιο, η Φλάνδρα και η Φλαμανδική κοινότητα που βρίσκονται στο βόρειο τμήμα της χώρας και η Βαλονία στο γαλλόφωνο νότιο τμήμα της χώρας παρουσιάζουν επίσης αποσχιστικές τάσεις.

Στην Μ. Βρετανία η Σκωτία διεξήγαγε το δικό της δημοψήφισμα για την ανεξαρτησία το 2014, που οι αυτονομιστές έχασαν με 55% . Η αποχώρηση της Μ. Βρετανίας από την Ευρωπαική Ένωση μπορεί μόνο να κατασιγάσει αυτή την τάση, καθώς πια εφαρμόζει το δικό της οικονομικό πρόγραμμα , όχι στην πλάτη της Σκωτίας, όπως συνέβαινε παλαιότερα.

Και οι αποσχιστικές τάσεις θα πολλαπλασιάζονται μέσα στους κόλπους της Ευρώπης, καθώς αποτελούν παράπλευρες απώλειες από την καραμπόλα που δημιουργήθηκε από την στείρα πολιτική που θέσπισε η Ευρωπαική Ένωση και την επιβάλλουν οι εθνικές κυβερνήσεις των κρατών στους λαούς τους.

Η εμμονή σε πολιτικές που δεν προάγουν την οικονομία και την ισόρροπη ανάπτυξη στα κράτη μέλη της Ευρωπαικής Ένωσης , παρά αλχημείες/μαγειρέματα εσωτερικής οικονομικής καταπίεσης της μιας περιοχής στην άλλη, μόνο σε εμφυλιοπολεμικές συρράξεις μπορούν να οδηγήσουν.

Όταν το ταμείο διάσωσης της Ευρώπης δάνεισε στην Ισπανία 41 δισεκατομμύρια ευρώ για τη διάσωση των τραπεζών η ισπανική κυβέρνηση , σαν αντάλλαγμα, υλοποίησε μια σειρά μεταρρυθμίσεων με στόχο να γίνει η οικονομία πιο αποτελεσματική και παραγωγική. Έτσι κι έγινε ευκολότερη και φτηνότερη η απόλυση εργαζομένων, έτσι απέκτησε ευχέρεια το κράτος να κάνει έξωση με αμείωτο ρυθμό στους πολίτες υπό την παρουσία βαρυαρματωμένων αστυνομικών. Έτσι οξύνθηκε το φαινόμενο της φτώχειας και διογκώθηκε η εισοδηματική ανισότητα.

Το διαρκώς αυξανόμενο έλλειμμα στον κρατικό προυπολογισμό (το έλλειμμα του προϋπολογισμού για το 2016 διαμορφώθηκε στο 4,5% του ΑΕΠ), το ενισχυμένο κατά 31,3% εμπορικό έλλειμμα, οι νέοι δανεισμοί αποτελούν αποτελέσματα των «μεταρρυθμίσεων» της υποτιθέμενης «ανάπτυξης» που θα βίωνε η χώρα.

«Ανάπτυξη» είχαν υποσχεθεί η Ευρωπαική Επιτροπή που επέβαλλε τα μνημόνια και η Ευρωπαική Κεντρική Τράπεζα (ΕΚΤ) που δάνειζε...

Ραχόι είσαι υπεύθυνος να πάρεις θέση απέναντι στην εξαθλίωση της χώρας σου και ΟΧΙ ΝΑ ΕΠΑΙΡΕΣΑΙ ΟΤΙ ΠΕΡΑΣΕ ΕΠΙΤΥΧΩΣ ΤΟ ΠΡΟΓΡΑΜΜΑ ΤΩΝ ΜΝΗΜΟΝΙΩΝ.

Και αν δεν μπορείς , τότε να παραιτηθείς, να σταματήσεις να την προδίδεις . Γιατί μόλις άρχισαν οι απώλειες σε άλλο επίπεδο πια...

ΑΡΘΡΟ 25⁰

ΓΕΡΜΑΝΙΑ, ΑΥΣΤΡΙΑ ΕΚΛΟΓΕΣ- ΚΑΙ Η ΑΚΡΟΔΕΞΙΑ ΑΝΕΒΑΙΝΕΙ ΠΑΝΤΟΥ...

ΓΕΡΜΑΝΙΑ: Περίπου 61,5 εκατομμύρια **γερμανοί ψηφοφόροι** προσήλθαν στις κάλπες το Σεπτέμβρη για να εκλέξουν το 19ο Ομοσπονδιακό Κοινοβούλιό τους.

Η Άγκελα Μέρκελ εξασφάλισε την τέταρτη θητεία της.

Το SPD καταψηφίστηκε και ο Μάρτιν Σουλτς απέκλεισε κάθε ενδεχόμενο να συμμετάσχει και πάλι στην κυβέρνηση.

Την πολιτική απέναντι τόσο στη λιτότητα όσο και στο μεταναστευτικό χρεώθηκαν και τα δύο κυβερνητικά κόμματα, με αποτέλεσμα οι Σοσιαλδημοκράτες να αναζητούν διέξοδο μέσω της ανασύνταξης του κόμματος τους.

Έτσι, η μόνη δυνατότητα σχηματισμού κυβέρνησης είναι πλέον ο συνασπισμός «Τζαμάικα» -από τα χρώματα των κομμάτων, μαύρο για το CDU, κίτρινο για τους Φιλελεύθερους, πράσινο για τους Πράσινους.

Η συμμετοχή των Φιλελευθέρων στην κυβέρνηση θα σημάνει μια ακόμη πιο σκληρή στάση σε επίπεδο οικονομίας. Αυτό θα σημάνει όμως και πιο σκληρή λιτότητα.

Παράλληλα το ακροδεξιό κόμμα AfD δικαιώνεται και μπαίνει στην Βουλή για πρώτη φορά μετά το 1945.

Τι σημαίνει όμως η είσοδος της άκρας Δεξιάς στο Κοινοβούλιο ;

Σημαίνει : *Αποτυχία της φιλελεύθερης πολιτικής που ασκήθηκε μέχρι σήμερα.*
Σημαίνει : *Η Δημοκρατία της Βειμάρης αναβιώνει, μέσα από τις κοινωνικές αντιδράσεις ενάντια στις πολιτικές λιτότητας.*

Σημαίνει : *Κίνδυνος για τα Δημοκρατικά Κεκτημένα.*

ΑΥΣΤΡΙΑ: Πρόωρες Βουλευτικές Εκλογές 15/10/2017.

6,4 εκατομμύρια ψηφοφόροι – περίπου το 80%- ψήφισαν να αλλάξουν τα δεδομένα στη χώρα τους. Το συντηρητικό Λαϊκό Κόμμα του απερχόμενου υπουργού Εξωτερικών Σεμπάστιαν Κουρτς είναι ο μεγάλος νικητής των πρόωρων βουλευτικών εκλογών στην Αυστρία.

Έτσι, ο 31χρονος Σεμπάστιαν Κουρτς θα γίνει ο νεότερος ηγέτης της Ευρωπαικής Ένωσης.

Κατάφερε να κερδίσει τις εκλογές με ποσοστό που κυμαίνεται στο 31,6%. Η πολιτική γραμμή που ακολούθησε στηρίχθηκε κυρίαρχα στην αναχαίτιση των μεταναστευτικών ροών στην Ευρώπη και δη στη χώρα του.

Το ακροδεξιό κόμμα της Αυστρίας «Ελεύθεροι» κατέλαβε την τρίτη θέση. Με αύξηση σε ποσοστό 5,5% κέρδισε το 26% των ψήφων και έγινε το τρίτο κόμμα στην Αυστρία!

Η ακροδεξιά θριαμβεύει στις κάλπες της Ευρώπης. Από την Γαλλία έως τη Σκανδιναβία, το Βέλγιο, την Ελβετία, την Ολλανδία, την Ουγγαρία την Πολωνία...

Με ισχυρή αντιπροσώπευση σε πολλά ευρωπαικά κοινοβούλια και τοπικά συμβούλια, η ακροδεξιά διείσδυσε δυναμικά στο κενό που άφησαν τα δεξιά-σοσιαλιστικά-αριστερά κόμματα.

Τα παραδοσιακά πολιτικά κόμματα δεν κατόρθωσαν να επιτύχουν οικονομική και κοινωνική ισότητα, ανάπτυξη αλληλέγγυα με την ευημερία των λαών. Ενώ με την ερασιτεχνική ένταξη των μεταναστών ολοκληρώθηκε ένας φαύλος κύκλος μείωσης της αγοράς εργασίας και κατά συνέπεια της αγοραστικής δύναμης και του βιοτικού επιπέδου των κοινωνιών.

Εύλογα λοιπόν, τα ακροδεξιά κόμματα μιλάνε για αξιοπρεπές κράτος, με πλήρη απασχόληση, γενναιόδωρες συντάξεις , επαρκή κοινωνική ασφάλιση, ως αντίβαρο στη βάρβαρη λιτότητα που εισήγαγε η παγκοσμιοποίηση.

Αυτό συμβαίνει όταν ο Φασισμός διεκδικεί την Δημοκρατία...

ΑΡΘΡΟ 26°

ΑΝΕΡΓΙΑ ΚΑΙ ΜΙΣΘΟΙ ΠΕΙΝΑΣ ΣΥΝΘΕΤΟΥΝ ΤΗΝ ΕΥΡΩΠΗ ΤΗΣ «ΑΝΑΠΤΥΞΗΣ»

Σύμφωνα με την τελευταία έκθεση του ΣΕΒ η Ελλάδα κατέχει την πρώτη θέση στην ανεργία, τις χαμηλές αμοιβές, τα εξοντωτικά ωράρια, τα εισοδήματα στα όρια της φτώχειας, ανάμεσα στις χώρες του ΟΟΣΑ.

- Πιο αναλυτικά, στις εργάσιμες ηλικίες των 15-64 ετών, σε σχέση με τις χώρες του ΟΟΣΑ όπου εργάζονται σε ποσοστό 66,4%, στην Ελλάδα μόνο οι μισοί περίπου εργάζονται δηλαδή το 53% , κατά το έτος 2017.
- Όταν οι εργαζόμενοι μένουν άνεργοι, χάνουν το 32% του εισοδήματος τους, όταν ο μέσος όρος ΟΟΣΑ είναι 6,5%.
- 64,4% των εργαζομένων είναι καταπονημένοι ενώ το 11,2% δουλεύει πάνω από 60 ώρες εβδομαδιαίως, με μόνη την Τουρκία να είναι σε χειρότερη κατάσταση (76,2% καταπονημένοι με το 23,3% πάνω από 60 ώρες εβδομαδιαίως).
- 16,1% των εργαζομένων αμείβονται με κάτω του 50% του διαμέσου διαθέσιμου εισοδήματος των νοικοκυριών, με μέσο όρο ΟΟΣΑ 10,6%, όταν το εισοδηματικό όριο όσων αντιμετωπίζουν κίνδυνο φτώχειας ορίζεται στο 60% του διάμεσου εισοδήματος.

Αυτά αποτελούν τα αποτελέσματα των πρακτικών που εφαρμόσθηκαν στην αγορά εργασίας, μέσα από τα μνημόνια.

Σύμφωνα τώρα με στοιχεία της Eurostat, Eurofound, Ο.Ο.Σ.Α. και Europa, που αφορούν τους εθνικούς κατώτατους μισθούς, οι κατώτατοι μισθοί στα κράτη μέλη της Ε.Ε. κυμαίνονται από 235,62 έως 1.998,59 ευρώ τον μήνα!!!!!!!!!!!!!!!!!!!!!!!

Ο παρακάτω πίνακας καταγράφει στοιχεία σε σχέση με τον κατώτατο μισθό, κατά το έτος 2017, όχι μόνο για χώρες της Ευρώπης αλλά και γενικότερα- Taxheaven Newsroom

Στον πίνακα δεν υπάρχει εθνικός κατώτατος μισθός για την Δανία, Ιταλία, Κύπρο, Αυστρία, Φινλανδία και Σουηδία, Ισλανδία, Νορβηγία και Ελβετία. Στην Κύπρο, ο ελάχιστος μισθός καθορίζεται από την κυβέρνηση για συγκεκριμένα επαγγέλματα. Στη Δανία, την Ιταλία, την Αυστρία, τη Φινλανδία και τη Σουηδία, καθώς και στην Ισλανδία, τη Νορβηγία και την Ελβετία, οι ελάχιστοι μισθοί ορίζονται από τις συλλογικές συμβάσεις για μια σειρά από συγκεκριμένους τομείς.

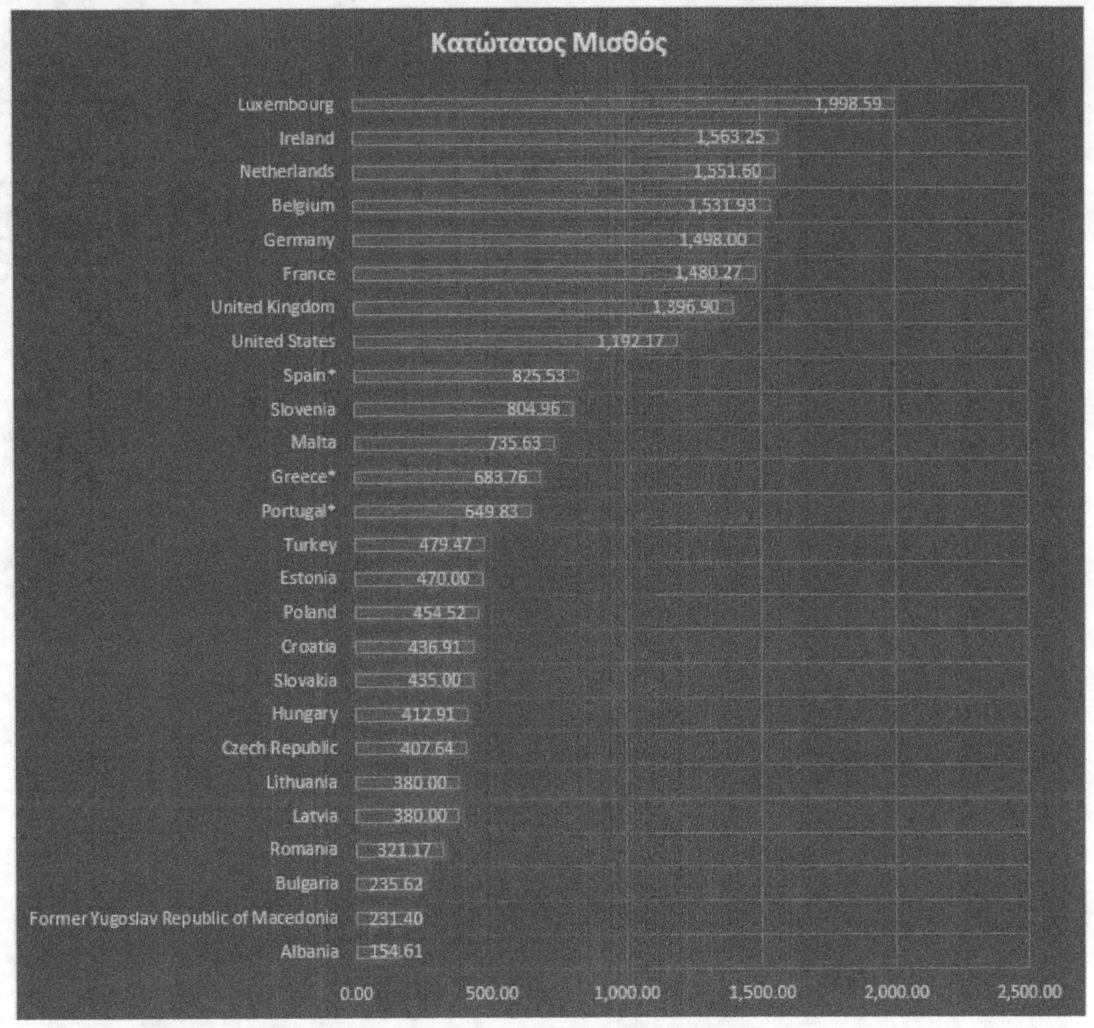

Το συγκλονιστικό συμπέρασμα μετά την μελέτη αυτού του πίνακα, είναι οι τεράστιες διαφορές μεταξύ των χωρών της υποτιθέμενης ενιαίας Ευρώπης. Είναι οι τεράστιες ανισότητες που προκαλούν την σηψαιμία στο σώμα της Ενωμένης Ευρώπης.

Οι κατώτατοι μισθοί σε πολλές χώρες της ΕΕ, μεταξύ των οποίων και η Ελλάδα, είναι πολύ χαμηλότεροι από το αποδεκτό όριο, με αποτέλεσμα πολλοί ευρωπαίοι εργαζόμενοι να μην μπορούν να επιβιώσουν.

Ειδικότερα στην Ελλάδα, ο κατώτατος μισθός βρίσκεται στο 48% του εθνικού ενδιάμεσου μισθού , όταν ο ΟΟΣΑ θέτει ως κανόνα ότι ο κατώτατος μισθός δεν πρέπει να ολισθαίνει κάτω από τα 2/3 του εθνικού ενδιάμεσου μισθού.

Ο παρακάτω πίνακας περιγράφει την διαφοροποίηση του κατώτατου μισθού στις διάφορες χώρες εντός και εκτός ΕΕ, από το 2008 έως το 2017 - Taxheaven Newsroom

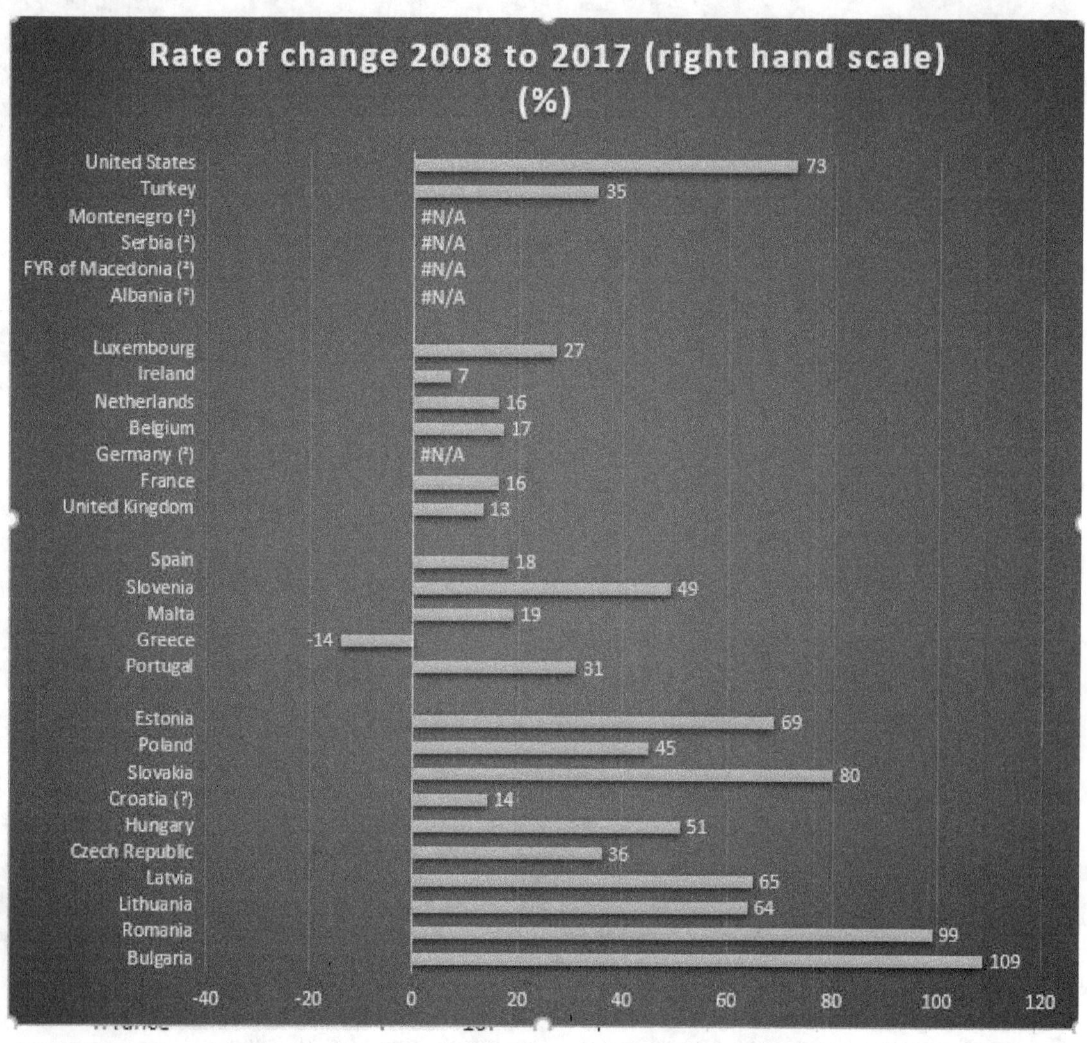

Παρατηρούμε ότι ενώ σε όλες τις χώρες , ακόμη και σε αυτές με τον πολύ χαμηλό κατώτατο μισθό, ανεβαίνει ποσοστιαία ο κατώτατος μισθός κατά το διάστημα της κρίσης 2008-2017 , στην Ελλάδα μειώθηκε κατά 14%.

Και αυτό αποτέλεσμα των υποτιθέμενων δημοσιονομικών μεταρρυθμίσεων.

Η Ευρωπαϊκή Συνομοσπονδία Συνδικάτων-ETUC, μετά από αυτά τα αποτελέσματα, που καταδεικνύουν τους λόγους για τους οποίους η Ευρώπη κινδυνεύει να διαλυθεί , επισημαίνει την ανάγκη για την αύξηση των κατώτατων μισθών έτσι ώστε να καταστούν βιώσιμοι.

Και αυτό πρέπει να αποτελεί νούμερο ΕΝΑ στόχο της Ευρωπαικής Ένωσης . Να καθορίσει άμεσα μια προθεσμία , όπου οι κατώτατοι μισθοί θα φθάσουν κλιμακωτά το 70% του μεσαίου μισθού.

Αμέσως επόμενο στόχο θα πρέπει να ορίσει την σταδιακή ισορρόπηση μεταξύ των κατώτατων μισθών , ανάμεσα στις χώρες της ΕΕ και ειδικά για χώρες όπου οι κατώτατοι μισθοί προσεγγίζουν τα 2/3 του εθνικού μεσαίου μισθού , αλλά δεν είναι βιώσιμοι, όπως στη Ρουμανία και τη Βουλγαρία.

Οι εξωφρενικές εισοδηματικές ανισότητες μεταξύ των χωρών της Ευρωπαικής Ένωσης , σε κάνουν να απορείς γιατί συντέθηκε εξαρχής αυτή η Ένωση και στην πορεία κατέληξε και σε νομισματική Ένωση, εφόσον δεν μπορούσε να αντιστοιχίσει τις βασικές διαφορές μεταξύ των κρατών μελών, που συνίστανται στα αξιοπρεπή ισοδύναμα εισοδήματα.

Τεχνοκρατικές δικαιολογίες δεν υπάρχουν που να δίνουν σαφείς απαντήσεις.

Υπάρχει μόνο τεχνοκρατική επεξήγηση, που προσανατολίζει σε νομισματικό καρτέλ, που τι κι αν δεν έχουν να φάνε κάποιοι εκ της οικογένειας , αρκεί να συμμετέχουν στις αποφάσεις που ορίζουν τα συμφέροντα των λίγων , καθώς επίσης και να ελέγχονται οι πολλοί (μη έχοντες) μέσω του δανεισμού που προκύπτει ως απαιτητή ανάγκη.

Ενώσεις που δεν είναι πραγματικές ενώσεις , μια και μόνη προοπτική έχουν, την αποσύνθεση τους...

ΑΡΘΡΟ 27ο

ΦΟΡΟΛΟΓΙΚΟΙ ΠΑΡΑΔΕΙΣΟΙ - Η ΑΡΡΩΣΤΙΑ ΠΟΥ ΑΔΥΝΑΤΙΖΕΙ ΤΟΝ ΚΟΣΜΟ

Οι φορολογικοί παράδεισοι αποτελούν ίσως την πιο συγκλονιστική εφαρμογή της παγκοσμιοποίησης, καθώς δεν καταλήγουν μόνο σε στέρηση εσόδων απαραίτητων για την δημιουργία ισοδύναμων κοινωνιών, για την καταπολέμηση της φτώχειας και για την ενθάρρυνση της ανάπτυξης, αλλά υπονομεύουν την ίδια τη θέση του ανθρώπου στον πλανήτη.

Φορολογικοί παράδεισοι ή αλλιώς φορολογικά καταφύγια χαρακτηρίζονται οι χώρες οι οποίες διαθέτουν χαμηλή ή ανύπαρκτη φορολογική πολιτική, απέναντι σε πολυεθνικές εταιρίες και σε φυσικά πρόσωπα, προκειμένου να ιδρύσουν Offshore-Υπεράκτιες εταιρίες στο έδαφος τους, στις οποίες θα μεταφέρουν όλα τα κεφάλαια ή τα περιουσιακά τους στοιχεία. Έτσι, αποφεύγουν να καταβάλλουν την νόμιμη προβλεπόμενη εκείνη φορολογία στη χώρα τους, αδικώντας την ίδια τη χώρα τους.

Πιο συγκεκριμένα οι χώρες αυτές επιβάλλουν εξαιρετικά χαμηλούς έως μηδενικούς συντελεστές φορολογίας, δεν παρακρατούν φόρους και δεν συμμετέχουν σε διεθνείς συμφωνίες κατά της φοροδιαφυγής, εφόσον αποτελεί πάγια πολιτική τους η απόκρυψη οποιωνδήποτε στοιχείων σχετικά με τις οικονομικές δραστηριότητες των πολυεθνικών και των φυσικών προσώπων που δραστηριοποιούνται στο έδαφός τους.

Με αποτέλεσμα πολλά από αυτά τα χρήματα που διοχετεύονται στους φορολογικούς παραδείσους να είναι χρήματα από μίζες, πωλήσεις όπλων και ναρκωτικών.

Σύμφωνα με τον πρώην διευθυντή του ΔΝΤ Στρος- Καν , πάνω από 50% των παγκόσμιων εμπορικών συναλλαγών διενεργείται μέσω των φορολογικών παραδείσων, πάνω από 50% των τραπεζικών στοιχείων ενεργητικού και του 1/3 των άμεσων ξένων επενδύσεων, από μεγάλες πολυεθνικές επιχειρήσεις, διεξάγονται μέσω αυτών.

Σύμφωνα με τον Γάλλο οικονομολόγο Γκάμπριελ Ζουκμάν, περισσότερα από 600 δισεκατομμύρια ευρώ μετατοπίζονται ετησίως από πολυεθνικές εταιρείες σε φορολογικούς παραδείσους, ενώ οι υπερ-πλούσιοι έχουν σταθμεύσει περίπου 7,9 τρισεκατομμύρια ευρώ στους φορολογικούς παραδείσους.

Συνολικά 4,8 τρις ευρώ, περίπου 8% του παγκόσμιου ΑΕΠ, είναι κρυμμένα σε έξι φορολογικούς παραδείσους, μη συνυπολογίζοντας ασφάλειες, πολυτελή σκάφη, σαλέ, πολύτιμα έργα τέχνης, που θα το εκτόξευαν στο 11% του παγκόσμιου ΑΕΠ.

Έτσι οι φορολογικοί παράδεισοι δεν βοηθούν μόνο τις εταιρείες να αποφύγουν τους φόρους αλλά και τους ιδιώτες. Και το ζήτημα αναβιβάζεται πέρα από οικονομικό και σε ακραία πολιτικό, καθώς ο καθένας μπορεί να παρακάμψει τους νόμους που τον ενοχλούν και να παραβιάσει την Δημοκρατία.

Σύμφωνα με το Ελληνικό Υπουργείο Οικονομικών τα κράτη που έχουν προνομιακό φορολογικό καθεστώς είναι εκείνα στα οποία το νομικό πρόσωπο ή νομική οντότητα υπόκειται σε φόρο επί των κερδών ή των εισοδημάτων ή του κεφαλαίου του οποίου ο συντελεστής είναι ίσος ή κατώτερος από το 50% αντίστοιχου συντελεστή στην Ελλάδα. Και αυτά είναι τα ακόλουθα:

1. Άγιος Ευστάθιος St Eustatius
2. Άγιος Μαρίνος San Marino
3. Αλβανία Albania
4. Ανδόρα Andorra
5. Ανγκουίλα Anguilla
6. Βανουάτου Vanuatu
7. Βερμούδες Bermuda
8. Βοσνία -Ερζεγοβίνη Bosnia-Herzegovina
9. Βουλγαρία Bulgaria
10. Βρετανικές Παρθένοι Νήσοι British Virgin Islands
11. Γιβραλτάρ Gibraltar
12. Γκέρνσεϋ Guernsey
13. Ηνωμένα Αραβικά Εμιράτα United Arab Emirates
14. Ιορδανία Hashemite Kingdom of Jordan
15. Ιρλανδία Ireland
16. Κατάρ Qatar
17. Κόσσοβο Kosovo
18. Κύπρος Cyprus
19. Λίχτενσταϊν Liechtenstein
20. Μακάο Macau
21. Μαλδίβες Republic of Maldives
22. Μαυροβούνιο Montenegro
23. Μολδαβία Republic of Moldova
24. Μονακό Monaco
25. Μονσεράτ Montserrat
26. Μπαχάμες the Bahamas
27. Μπαχρέϊν Bahrain
28. Μπελίζ Belize
29. Μποναίρ Bonaire
30. Ναουρού Nauru
31. Νήσοι Κέϋμαν Cayman Islands
32. Νήσοι Μάρσαλ Marshall Islands
33. Νήσοι Τέρκς και Κάϊκος Turks and Caicos
34. Νήσος του Μαν Isle of Man
35. Ουζμπεκιστάν Uzbekistan
36. Ομάν Oman
37. Παραγουάη Paraguay
38. ΠΓΔΜ FYROM
39. Σαουδική Αραβία Saudi Arabia
40. Σεϋχέλλες Seychelles
41. Σρι - Λάνκα Sri Lanka
42. Τζέρσεϋ Jersey
43. Ουγγαρία (Hungary)

Τουλάχιστον 300 πολυεθνικές που δραστηριοποιούνται, μέσω των θυγατρικών τους Offshore, στους παραπάνω φορολογικούς παραδείσους, όπως η εταιρεία αναψυκτικών Pepsi, η αλυσίδα επίπλων ΙΚΕΑ και η Apple, απέδιδαν φόρους που συνήθως ήταν μικρότεροι του 1% των κερδών τους.

Ενώ είκοσι από τις μεγαλύτερες ευρωπαϊκές τράπεζες δηλώνουν το ένα τέταρτο των κερδών τους σε φορολογικούς παραδείσους, με προτίμηση στο Λουξεμβούργο, το Χονγκ Κονγκ και την Ιρλανδία, σύμφωνα με έρευνα της Oxfam – Οργάνωση για την Αντιμετώπιση της Φτώχειας.

Οι τράπεζες αυτές δηλώνουν στους φορολογικούς παραδείσους το 26% των κερδών τους, ήτοι 25 δις το 2015, αλλά μόνο το 12% του κύκλου εργασιών τους και το 7% των υπαλλήλων τους, σύμφωνα πάλι με την Oaxfam.

Και ενώ δηλώνουν συνολικά 628 εκατομμύρια ευρώ σε κέρδη στους φορολογικούς παραδείσους, δεν απασχολούν ούτε έναν υπάλληλο.

Για παράδειγμα η γαλλική BNP Paribas έβγαλε κέρδη 134 εκατ. ευρώ στα νησιά Κέιμαν, την ώρα που δεν απασχολεί εκεί ούτε έναν υπάλληλο, ενώ η γερμανική Deutsche Bank ανακοίνωσε ζημιά εντός των γερμανικών συνόρων και κέρδη ύψους 1,9 δισ. ευρώ σε φορολογικούς παραδείσους!

Έτσι οι τράπεζες μεταθέτουν τεχνητά τα κέρδη τους, προκειμένου να μειώνουν τη φορολογική συμβολή τους, να διευκολύνουν τη φοροδιαφυγή των πελατών τους και να παρακάμπτουν τις κανονιστικές υποχρεώσεις τους.

Αυτή η τραγικότητα, καταδεικνύει **το εύρος του προβλήματος και την πλήρη ατιμωρησία που περιβάλλει τις πρακτικές των μεγαλύτερων ευρωπαϊκών τραπεζών στους φορολογικούς παραδείσους.**

Το Λουξεμβούργο, η Ιρλανδία και το Χονγκ Κονγκ περιλαμβάνονται στους φορολογικούς παραδείσους που προτιμούν τα τραπεζικά ιδρύματα που αποτέλεσαν αντικείμενο της έρευνας.

Κατά τα άλλα, ευτυχώς που διασώθηκαν οι ευρωπαικές τράπεζες μέσα από τις συνεχείς ανακεφαλαιοποιήσεις... σύμφωνα με τον κ. Ντάισενμπλουμ. Επάνω στα δανειακά χρέη των λαών που βασανίστηκαν από τα μνημόνια...ένας εκ των οποίων και ο ελληνικός!

Αυτή η άνιση και χυδαία διαχείριση της πραγματικότητας, να λεηλατούνται οι εθνικές οικονομίες , προκειμένου να επιχορηγούν τα πάρτυ των τραπεζών και των στελεχών τους, των πολυεθνικών και των ιδιωτών στους φορολογικούς παραδείσους, αντί να δημιουργούνται νοσοκομεία, σχολεία και άλλες κοινωνικές, ασφαλιστικές και πολιτιστικές υποδομές που προστατεύουν και προάγουν τον άνθρωπο, αποκαλύπτει την ΙΔΕΟΛΟΓΙΚΗ ΠΑΡΑΚΜΗ ΤΗΣ ΣΥΓΧΡΟΝΗΣ ΔΗΜΟΚΡΑΤΙΑΣ, ΤΗΣ ΔΗΜΟΚΡΑΤΙΑΣ ΤΩΝ ΤΡΑΠΕΖΙΤΩΝ ΚΑΙ ΤΟΥ ΚΕΦΑΛΑΙΟΥ ΠΟΥ ΥΠΗΡΕΤΟΥΝ.

Για ποια καταπολέμηση της διεθνούς **φοροαποφυγής και φοροδιαφυγής, ομιλεί**
ο   γραφικός   **«ποιητής»**   **Μοσκοβισί;**

Το ζητούμενο είναι να φορολογούνται μέχρι φτώχειας οι λαοί, η παραγωγή τους
και οι επιχειρήσεις τους, προκειμένου να δανείζονται και να αισχροκερδούν στην
πλάτη τους οι τραπεζίτες και οι πολυεθνικές που είτε έτσι είτε αλλιώς καθίστανται
«υπεράνω φόρων». Μόνο έτσι μπορεί να πρυτανεύσει η διεθνική εξουσία , να
καταστεί η οικονομική ολιγαρχία παγκόσμια δύναμη.